改革开放进程中的经济学家学术自传

张卓元　高培勇　主编

高尚全学术自传

高尚全◎著

一生为改革鼓与呼

ACADEMIC AUTOBIOGRAPHY OF GAO SHANGQUAN

SPM
南方出版传媒
广东经济出版社
·广州·

图书在版编目（CIP）数据

高尚全学术自传 / 高尚全著．—广州：广东经济出版社，2020.9
（改革开放进程中的经济学家学术自传）
ISBN 978-7-5454-7237-0

Ⅰ.①高…　Ⅱ.①高…　Ⅲ.①经济学－文集　Ⅳ.①F0-53

中国版本图书馆CIP数据核字（2020）第092806号

出 版 人：李　鹏
策划编辑：周　晶
责任编辑：冯　颖　易　意
责任技编：陆俊帆

《高尚全学术自传》
GAOSHANGQUAN XUESHU ZIZHUAN
高尚全　著

出版发行	广东经济出版社（广州市环市东路水荫路11号11—12楼）
经销	全国新华书店
印刷	恒美印务（广州）有限公司 （广州市南沙经济技术开发区环市大道南路334号）
开本	787毫米×1092毫米　1/16
印张	16.75
字数	187千字
版次	2020年9月第1版
印次	2020年9月第1次
书号	ISBN 978-7-5454-7237-0
定价	118.00元

图书营销中心地址：广州市环市东路水荫路11号11楼
电话：（020）87393830　邮政编码：510075
如发现印装质量问题，影响阅读，请与本社联系
广东经济出版社常年法律顾问：胡志海律师

《改革开放进程中的经济学家学术自传》丛书

编辑委员会

《改革开放进程中的经济学家学术自传》丛书分册名录

（按姓氏音序排列）

1.《白重恩学术自传》
2.《蔡昉学术自传》
3.《常修泽学术自传》
4.《陈东琪学术自传》
5.《陈锡文学术自传》
6.《迟福林学术自传》
7.《樊纲学术自传》
8.《范恒山学术自传》
9.《房维中学术自传》
10.《高培勇学术自传》
11.《高尚全学术自传》
12.《郭克莎学术自传》
13.《洪银兴学术自传》
14.《黄达学术自传》
15.《黄群慧学术自传》
16.《贾康学术自传》
17.《江小涓学术自传》
18.《金碚学术自传》
19.《李实学术自传》
20.《李晓西学术自传》
21.《厉以宁学术自传》
22.《林兆木学术自传》
23.《刘诗白学术自传》
24.《刘世锦学术自传》
25.《刘树成学术自传》
26.《刘伟学术自传》
27.《马建堂学术自传》
28.《彭森学术自传》
29.《宋晓梧学术自传》
30.《田国强学术自传》
31.《王梦奎学术自传》
32.《王一鸣学术自传》
33.《魏杰学术自传》
34.《魏礼群学术自传》
35.《乌家培学术自传》
36.《吴敬琏学术自传》
37.《杨瑞龙学术自传》
38.《张军学术自传》
39.《张军扩学术自传》
40.《张晓山学术自传》
41.《张燕生学术自传》
42.《张宇燕学术自传》
43.《张卓元学术自传》
44.《赵人伟学术自传》
45.《郑新立学术自传》
46.《周叔莲学术自传》

总　　序

Preface

盛世出华章。中国的改革开放是一场波澜壮阔、前无古人的伟大社会变革，也将是世界经济发展史上的瑰丽篇章。中国经济学家在这场伟大变革中，或贡献了智力，或参与了实践，无论是参政建言还是学术构建，均厥功甚伟。

在我们先后迎来改革开放40周年和中华人民共和国成立70周年之际，为了记录并彰显中国经济学家的历史贡献，为中国特色社会主义事业进一步发挥智慧的力量和作用，同时借以勉励后学筑梦前行，我们组织并编辑了这套《改革开放进程中的经济学家学术自传》丛书。

这套丛书的出版设想，最初由广东经济出版社提出。在此之前，得力于中国社会科学院经济研究所张卓元教授等的大力支持，该社曾于2009年编辑出版《影响新中国60年经济建设的100位经济学家》丛书。那套丛书产生了良好的社会反响，也获得了较高的学术评价。弹指一挥间，又是一个十年，共和国迎来了70华诞，改革开放也逾40周年。在这样一个特殊的背景下，广东经济出版社邀请张卓元教授和高培勇教授牵头，由《经济研究》编辑部具体负责，组织、编辑一套集中反映改革开放进程中的经济学家学术探索和心路历程的丛书。

认识到这是一件颇具眼光、很有意义的事情，于是，便有了读者眼前这套《改革开放进程中的经济学家学术自传》丛书编辑出版工作的启动。

中国经济改革与发展的伟大实践，为中国经济学家的成长提供了肥沃的土壤。要从这些灿若繁星的经济学家中推选出大家公认的富有影响力的经济学家，并不容易。怎样推选？推选多少？具体标准是什么？如何约稿？丛书的体例又该如何把握？这一系列相关问题接二连三地提至我们面前。

为此，在初步拟订编辑出版方案的基础上，由张卓元教授和高培勇教授主持，邀请部分专家召开了小范围的论证会议，就组建丛书编辑委员会以及丛书编辑出版的一系列相关问题听取意见，进一步完善方案。

紧跟着，2017年6月25日，丛书编辑委员会会议在北京举行。出席会议的委员共有19位（按姓氏音序排列）：白重恩、常修泽、陈东琪、陈锡文、迟福林、高培勇、郭克莎、黄群慧、金碚、李晓西、刘伟、彭森、宋晓梧、田国强、魏礼群、吴敬琏、张军扩、张燕生、张卓元。因故请假、提供书面意见的委员有10位（按姓氏音序排列）：蔡昉、曹远征、贾康、李实、李扬、厉以宁、林毅夫、刘世锦、钱颖一、张军。

这次编辑委员会会议就如下一些重要问题形成了高度共识：

第一，关于丛书的意义。委员们高度认可丛书的编辑出版工作，认为这是一项富有重要历史和现实意义的出版工程。

第二，关于丛书入选者的标准和数量。委员们认为应本着宁缺毋滥、质量为先原则，以对改革开放事业的某个特定领域做出实质性贡献或产生实质性影响的经济学家为重点，入选者宜掌握在60位左右。

第三，关于丛书的体例。基于凸显学术价值和史料价值的考虑，委员们认为学术自传宜涵盖作者的学术成长历程、作者对改革开放事业某个特定领域的研究成果和学术贡献、作者对特定领域改革前景的展望等方面内容。

第四，关于丛书的读者对象。委员们认为应主要面向青年学者以及学生，谈人生经验、述理想情怀，激励广大青年学者和学生确立奋斗的目标、发展的方向和成功的路径。

第五，关于丛书的文风。委员们主张学术自传应具有较强的理论性、学术性，同时文笔流畅、深入浅出，具有一定的可读性。

在经过充分讨论形成的候选经济学家名单基础上，与会委员按照获得半数以上多数票入选的规则，以无记名投票方式表决确定了65位入选者。

会议还决定，请因故请假的委员继续对候选经济学家名单通讯投票，并根据此项流程的统计结果，提请全体编辑委员会委员再进行一次通讯评审，最终确定丛书入选者为68位。

由此产生的《改革开放进程中的经济学家学术自传》丛书入选作者为（按姓氏音序排列）：白重恩、蔡昉、曹远征、常修泽、陈东琪、陈清泰、陈锡文、迟福林、樊纲、范恒山、房维中、高培勇、高尚全、郭克莎、郭树清、韩俊、洪银兴、华生、黄达、黄群慧、贾康、江小涓、金碚、李剑阁、李京文、李实、李晓西、李扬、厉以宁、林毅夫、林兆木、刘国光、刘鹤、刘诗白、刘世锦、刘树成、刘伟、隆国强、楼继伟、马建堂、彭森、钱颖一、宋晓梧、田国强、王梦奎、王一鸣、魏杰、魏礼群、乌家培、吴敬琏、吴晓灵、杨启先、杨瑞龙、易纲、余永定、张军、张军扩、张维迎、张晓山、张燕生、张宇燕、张卓元、赵人伟、郑新立、周其仁、周叔莲、周小川、朱玲。

在确定入选者名单之后，《经济研究》编辑部立即展开了组稿工作，共有46位入选者接受约稿。在这一过程中，入选的经济学家或其家属、秘书、好友等，对我们的工作给予了热情的支持，在百忙之中积极准备所需要的文献，其认真精神令人感动。应该说，没有他们的积极响应和大力支持，这套丛书是难以按时按质完成的。

由于入选的经济学家大多是名人、忙人，有一部分老作者也已年届九十高龄，约稿的工作量及其难度可想而知。一些作者提出暂不能写作，这多少令我们感到些许遗憾。其间也有许多感人的情景要告诉读者们：常修泽先生于2018年夏天在吉林延边的一个小镇闭门两三个月专事自传写作，在整个写作过程中数十次与编辑部和出版社沟通，包括内容完善、结构设计和一些合理性建议等诸多细节，并且在约定期限内交稿给编辑部；九十五岁高龄的黄达教授在写作过程中十余次通过电话或电子邮件与编辑部讨论写作重点和风格；乌家培、林兆木、王梦奎等老先生也是不厌其烦，反复就文字沟通润色；周叔莲先生在去世前一周还给编辑部打电话，告诉编辑自己已经基本完成了书稿的写作，并详细介绍了自己的写作过程和感想，我们至今忆此仍为之动容。在这些难得的沟通中，我们一次次被感动。

随着此套丛书的陆续编辑出版，我们越来越强烈地体会到了这项工作的意义和价值：

入选这套丛书的作者，系改革开放进程中的经济学家，他们的知名度较高，社会影响较大。这套自传体丛书，是对他们的代表性研究成果、学术贡献、成长历程及人格魅力的一个集中展示。对于广大读者特别是青年学子来说，这无疑是一个难得的学习、了解我国经济理论和现实问题的机会。

这些经济学家在各自的学术领域都是佼佼者或领军者，他们学术素养深厚、学术成就卓越。他们在自传中大多以第一人称娓娓道来，讲述了自己的家国情怀与学术成长经历，为记录我国改革开放历程留下了第一手资料。从经济史和思想史的角度看，这应该是非常有史料价值的研究文献。

众多大家的纸上风华，既映射出中国改革开放40多年取得的巨大成就，也是对中国改革与发展经验比较系统的总结。正如习近平总书记所指出的："从我国改革发展的实践中挖掘新材料、发现新问题、提出新观点、构建新理论，加强对改革开放和社会主义现代化建设实践经验的系统总结，加强对发展社会主义市场经济、民主政治、先进文化、和谐社会、生态文明以及党的执政能力建设等领域的分析研究，加强对党中央治国理政新理念新思想新战略的研究阐释，提炼出有学理性的新理论，概括出有规律性的新实践。这是构建中国特色哲学社会科学的着力点、着重点。"应该说，本套丛书的作者们用生动而精彩的人生与学术追求，践行了这一重要要求。

这套丛书的编辑出版与《经济研究》编辑部各位同仁的努力也是分不开的。他们通过电话、短信和邮件等方式不断地与作者或其家人、秘书等进行沟通。参加组稿和审稿工作的人员有：郑红亮、刘霞辉、张永山、唐寿宁、王利娜、谢谦、金成武、孙三百、陈小亮、欧宏、王红梅、刘莹、曹帅。

广东经济出版社的领导和编辑在本丛书的出版过程中也做了大量的工作，正是有了他们的努力，这套丛书才得以顺利与读者见面。

特别值得一提的是，这样一套组织工作浩繁的大型丛书，见证了《经济研究》编辑部与广东经济出版社值得称道的团队合作精神。编辑部的张永山、王红梅同志和广东经济出版社的编辑团队从始至终为丛书的组织沟通、约稿、文稿整理付出了大量的心血，他们的耐心和一丝不苟的敬业精神令人称道。

这套丛书就此付梓了，回望中国改革开放的辉煌岁月，携手丛书作者对祖国的拳拳心路与期待，我们略感欣慰！但由于时间仓促，加之我们的水平有限，书中的不足和错误之处在所难免，敬请广大读者批评指正。

《改革开放进程中的经济学家学术自传》丛书编辑委员会

2019年10月

作者简介

高尚全

1929年9月出生于上海嘉定，汉族。1952年毕业于上海圣约翰大学经济系。现任中国经济体制改革研究会名誉会长，中国（海南）改革发展研究院名誉院长，北京大学、上海交通大学、南开大学、浙江大学兼职教授，博士生导师。曾任联合国发展政策委员会委员、世界银行高级顾问，哈佛大学和斯坦福大学访问学者，美国明尼苏达大学斯诺教授。

1952年起，他先后在东北工业部机械工业局、第一机械工业部、国家机械工业委员会工作。1982年起在国家经济体制改革委员会从事经济体制改革的研究、设计和有关领导工作，1985—1993年任国家经济体制改革委员会副主任。曾任国务院经济体制改革方案办公室主任、国务院住房改革领导小组副组长、国务院国民经济和社会发展总体研究协调小组成员。1993—1997年任香港特别行政区预委会和筹委会委员、经济小组组长。

他的主要研究领域为经济体制改革与发展、市场经济等问题。早在1956年，他就提出了“企业要有一定的自治权”的建议（报告发表于1956年12月6日《人民日报》第2版）。1984年，在参加《中共中央关于经济体制改革的决定》起草工作中，提出了“商品经济是社会经济发展的一个必经阶段”的观点，受到了中央领导的重视和采纳。1987年，提出“计划和市场都是一种手段和方法，并不反映社会制度的根本属性”“针对传统的高度集中的计划经济体制的弊端，要彻底改变过去那种僵化的以行政指令为主要手段的管理方式，更多地发挥市场经济运行的作用”“用经济合同替代指令性计划”等建议，被吸收到党的十三大报告中。1993年提出“应明确提出劳动力市场概念”的建议，被吸收到《中共中央关于建立社会主义市场经济体制若干问题的决定》中。1997年，参与起草党的十五大报告，对所有制结构的调整和改革提出了建设性的意见，并建议把“自由”和“人权”写入党的十五大报告，被中央采纳，为“人权”入宪、“自由”作为核心价值观做出了贡献。1996年，在主持香港特别行政区筹委会经济小组工作时，从经济全球化的高度，极富预见性地提出密切注意国际汇市动向、防止国际游资冲击港元的对策建议，得到中央领导同志的高度重视，并及时批示有关部门采取积极对策。他是最早提出政府治理改革的学者之一。2000年3月他首次提出：正确处理好市场与政府的关系，关键是解决好政府的“越位”“缺位”和“错位”问题。2000年9月，在《深化对劳动和劳动价值论的认识》一文中，对实行按生产要素分配与劳动价值论的关系、为什么要把科学技术工作和经营管理作为劳动的重要形式，以及私营企业主的经营管理是否也是劳动等问题的观点，引起了理论界和有关领导的重视。2001年，系统地提出了“以民为本”和“民本经济”的理论，论述了民本经济的基本特点、对于深化改革的作用等，并在此基础上概括出了“中国特色社会主义”所具有的五个基本特征：一是以民为本，是中国特色社会主义的出发点和落脚点；二是市场经济，是中国特色社会主义的运行基础；三是共同富裕，是中国特色社会主义的重要目标；四是民主政治，是中国特色社会主义的重要保障；五是中华文化，是中国特色社会主义的内在要求。2004年6月，在《对“十一五”规划的几点意见》中提出“把政府改革作为‘十一五’时期改革的中心环节”，取代了沿用二十年的“以企业改革为中心环节”的提法；2005年8月提出“‘十一五’时期要尽快解决困难群体的社会保障问题”。这两份报告均受到了中央领导的高度重视和批示。2009年1月、4月和8月，他曾建议“把扩大内需和改善民生结合起来”“优化我国外汇储备的战略行动方案”，提出“关于增储黄金，优化外汇储备的五点建议”；2010年6月，他提出的“‘十二五’时期应解决的两个重大理论问题”等建议均得到了中央领导的及时批示。2013年党的十八届三中全会召开前夕，全社会都对党中央新的领导集体在我党惯例上一直以出台有关改革的文件为主要内容的三中全会上有哪些阐述充满期待。高尚全于2013年5月向中央提出了《关于十八届三中全会主题的建议》。他建议中央作出“中共中央关于全面深化改革的决定”；建议加强顶层设计，更加注重改革的系统性、整体性和协调性；建议成立以总书记为组长的中央全面深化改革领导小组。2015年末，面对经济社会发展新常态的机遇和挑战，中央经济工作会议强调要着力推进供给侧结构性改革，推动经济持续健康发展。那么如何推进供给侧结构性改革就成为急需解决的问题。关于这一问题，高尚全在深入思考后，于2016年4月向中央提出包括明确供给侧结构性改革的内涵和外延、以“僵尸企业”的退出作为去产能的核心、把去产能同扶贫和“走出去”结合起来、把去库存同农村的改革结合起来、把减税和调节贫富差距结合起来、进一步深化政府改革等九个方面的建议。2017年1月26日，在党中央推进全面建成小康社会、全面深化改革、全面依法治国、全面从严治党近五年的节点，改革取得显著成效且改革已经处于深水区，到了动辄触及既得利益格局的啃“硬骨头”的阶段，改革的深入推进也遇到诸多挑战。高尚全向中央新的领导集体提出《关于深化改革提升民心的三点建议》：建议把反腐更加制度化；建议把反腐获得的资金投入民生当中，增加人民群众获得感；建议加快财税体制改革，清理行政性收费，大幅度减轻我国企业的税负，着力振兴实体经济，把振兴实体经济作为供给侧结构性改革的主要任务。2018年，社会上掀起一阵宣扬“国进民退”的舆论风潮，一些人妄自揣测中央对民营经济的立场，宣扬民营经济离场论、私有制消灭论。为此，2018年10月，高尚全教授在复旦大学召开的首席经济学家论坛上对民营经济离场论、私有制消灭论提出严肃批评。其后，中央连续表态重申“两个毫不动摇”，习近平总书记在民营企业座谈会上表明了支持民营企业的决心。针对屡屡兴起的对民营经济的质疑，高尚全教授在反复思考后，结合竞争中性原则，提出了所有制中性理论，倡导两个中性原则，得到了知识界热烈回应，在社会上引起强烈反响。2018年，在庆祝改革开放四十周年活动中，被授予“致敬四十年‘时代学者’”“致敬四十年四十人”“致敬改革开放四十年·中国智库建设四十人”荣誉称号。

他在国内外出版的主要著作有30多部，此外，还主编了52本经济体制改革和发展的经济类书籍。其中《改革是中国最大的红利》获评“2013年度中国好书”，被翻译成日文。

自　　序

Preface

在中国改革开放40周年之际，写下我的学术自传，引起我对改革开放的深入回顾和思考。40年来，在党的领导下，中国的改革开放事业高潮迭起、波澜壮阔，无数仁人志士为改革开放披肝沥胆、呕心沥血，最终推动了这个十几亿人口的大国从以阶级斗争为纲转向以经济建设为中心、从计划经济转向市场经济、从闭关锁国转向全方位开放、从人治转向法治、从贫穷落后转向小康。40年几乎占据人生的一半时间。因为“文化大革命”等方面，最初参与改革的中坚力量都是到中年阶段才开始改革工作，此时有的已经驾鹤西游，其余也都是八九十岁的老人了。这一年龄阶段的改革工作者，经历过高度集中的计划经济时代的种种荒谬，又亲身参与并推动了市场经济体制的一步步建立，从这样的经历中获得的经验和感悟弥足珍贵。现用自传的形式将其形成文字，为改革开放的历史填补空白。

就我的一生而言，毫无疑问，贯穿其中的是“改革”二字。我出生在上海嘉定，年幼失怙，本来大概是要以学徒或某种不起眼的职业终老乡间，所幸因为学习勤奋，得到一位族亲的支持，完成了大学学业。我踏上工作岗位之后，就迅速与“改革”结下了不解之缘。20世纪50年代，我经过观察、思考，写了《企业要有一定的自治权》调研报告，发表在《人民日报》上，那是我对改革研究最早的起步。我提出这个问题是在计划经济形成阶段，似乎是大逆不道，也正因为此，我差点被归为右派，在"文化大革命"中还有人给我贴大字报，说我右倾。但我始终坚信，搞改革的人，需要一点"逆向思维"和创新精神，而我在实践中也一直是这样做的。

1982年，我奉命调往国家经济体制改革委员会工作，此后一直为我国经济体制改革与发展建言献策。从1984年到2003年，我先后六次参加中央重要文件的起草工作，亲历了我国经济改革的重大决策过程，并在各次工作中提出自己的看法和建议。其中不少对当时的传统观念是很大的突破。让我十分欣慰的是，我在各个时期关于改革的建议基本都受到了时任领导人的高度重视，很多建议经过领导人的批复落实到了改革的实践当中，切实地推动了改革的进步和经济的发展。在十八届三中全会前夕，我又向中央提出了出台"关于全面深化改革的决定"和成立"中央全面深化改革领导小组"的建议，受到中央领导的重视和采纳。最终，十八届三中全会审议通过了《中共中央关于全面深化改革若干重大问题的决定》，并成立了中央全面深化改革领导小组。中国的改革事业由此翻开了新的篇章。可以说，我的这一生是改革的一生，一生为改革鼓与呼，而在这改革的一生当中，最为宝贵的改革经验，我认为就是"解放思想"这四个字。

中国的改革事业充满了曲折与挑战，尤其是改革初期，没有现成的经验可以借鉴，靠的就是无数改革者、建设者"摸着石头过河"，而其中的每一步改革实践、取得的每一点成功都离不开思想的解放。正因为解放思想，我们打破了“两个凡是”，开启了改革之路；正因为解放思想，党的十二届三中全会通过了《中共中央关于经济体制改革的决定》，讲出了前人没有说过的话；正因为解放思想，我们构建并不断完善社会主义市场经济体制，取得了前所未有的成功。党的十九大报告指出，中国特色社会主义已经进入了新时代。在这承前启后、继往开来的关键节点，全面深化改革仍然面临许多挑战，此时更需要我们进一步解放思想，听取各个方面的意见，哪怕是批评的意见，坚持探索创新，砥砺前行。作为改革决策过程的参与者和改革过程的亲历者，我将自己参与改革的经历和感悟记录下来，希望能够为现在和未来的改革者在投身中国改革事业的过程中带来一点帮助和启示，愿他们保持改革的动力和勇气，坚持解放思想，与时俱进，在中华民族的复兴之路上开创中国改革的新辉煌。

作为一名一辈子参与改革的老兵，愿以此书献礼改革开放40周年和新中国成立70周年。

高尚全

2019年8月

目录

壹　成长历程和学术生涯回顾　/ 1

一　求学生活和工作经历　/ 2

二　学术生涯和学术成果　/ 5

三　对年轻人的启示　/ 41

四　不忘改革初心，牢记改革使命　/ 45

贰　二十世纪五十年代：提出企业自治论　/ 51

一　高度集中的计划经济体制的形成及其弊病　/ 52

二　企业自治权的提出　/ 52

三　批判和赞扬两重天　/ 57

叁　二十世纪八十年代：探索从计划经济转向市场经济　/ 63

一　商品经济的提出是经济体制改革的关键性突破　/ 64

二　把改革放在首位的中央“七五”建议　/ 69

三　巴山轮会议明确了宏观管理的基本任务　/ 72
四　第一次综合配套改革设计的尝试　/ 86
五　通过匈牙利、南斯拉夫考察深刻了解改革是艰难的探索　/ 91
六　希望党的十三大在理论上有重大突破　/ 93
肆　二十世纪九十年代：探索经济、政治体制改革引向深入　/ 95
一　资本市场和劳动力市场是怎样被写入中央决议的　/ 96
二　南方两个智库的建立和启动　/ 108
三　助力香港回归，应对亚洲金融危机　/ 112
四　“自由”和“人权”的概念是怎样被写入党的十五大报告的　/ 117
五　华为公司到底姓“资”还是姓“社”　/ 119
伍　二十一世纪前十年：完善市场经济体制　/ 123
一　博采众长的中共“十五”计划的建议　/ 124
二　探讨什么是中国特色社会主义　/ 129
三　继往开来，《中共中央关于完善社会主义市场经济体制若干问题的决定》　/ 130

四　我在两次起草小组会议上的发言　/ 138
五　人民本位论和政府自我改革论的提出　/ 140
六　完善战略性新兴产业政策将财政补贴改为股权投资的建议　/ 146
陆　二〇一〇年以来：新时代全面深化改革　/ 149
一　调整外汇储备结构和加快改革外汇管理体制　/ 150
二　“三创”可以改变中国　/ 153
三　对节能环保的建议　/ 155
四　建言党的十八大　/ 157
五　两次建言十八届三中全会　/ 163
六　从发挥市场在资源配置中的基础性作用到决定性作用　/ 167
七　加强资本市场支持互联网企业发展力度　/ 170
八　建言如何推进供给侧结构性改革　/ 171
九　如何提升民心的三点建议　/ 173
十　诸城调研中回答了三个问题　/ 175
附录　/ 183
附录一　文章　/ 184
附录二　主要学术论著　/ 237

壹

成长历程和学术生涯回顾

一 求学生活和工作经历

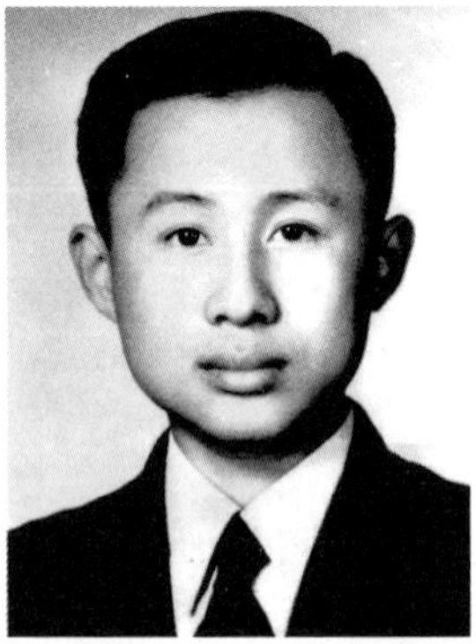

高尚全青年时期留影

1929年我出生于上海嘉定区（1958年以前属江苏省管辖）菊园昌桥的一个农村家庭，父亲在我很小的时候就离世了，我对他记忆不深。姐姐、哥哥和我都靠母亲拉扯大。我小学在徐行镇就读。为了减轻母亲负担，小学时期我就参加一些农业劳动，插秧、除草、收割等农活都会做。徐行镇是草制品的生产基地，用当地生产的黄草编织成各种草拖鞋、草手提包等各种草编，几乎成了家家户户的副业，大部分人利用晚上时间进行，这种活儿我也会干。

土地改革时，家里被评为“四不像”（不像地主、不像富农、不像中农、不像贫农），这是苏南地区土地改革时特有的现象。家里有母亲、姐姐、哥哥三个劳动力。以我的家境，念完小学本该去当学徒，学一份谋生的手艺了。命运在这时拐了一个弯。族中一位开工厂的舅父见我还比较聪慧，书也念得不错，便说愿意资助我继续上学。初中我进入嘉定县立中学（现为嘉定一中）①就读。初中在县城，离家较远，我就搬进舅父的厂子里，与工人们在一起吃、住。我心

① 2016年学校举行90周年校庆活动时，分布在各地的校友相聚一堂。我从北京赶到嘉定，赵锡成从美国回到嘉定。他的女儿赵小兰现任美国交通部部长，专程陪同父亲参加学校座谈活动。

中感激舅父，又不想“吃闲饭”，于是平时总帮着厂里干活儿。几年下来，工人会做的，我都会了。记忆最深的，就是发电。那时候电力很紧张，常停电，常要靠人工发电——通过蹬踩带动发电机转轴，像蹬自行车一样。我蹬过好多次。

初中毕业，我考上了圣约翰大学附属高中，到了上海。高中念完，被圣约翰大学经济系和复旦大学海洋系同时录取，我选择了前者。

圣约翰大学是中国第一所现代高等教会学府，素有“东方哈佛”之称，从这里走出了唐绍仪、顾维钧、宋子文、林语堂、邹韬奋、贝聿铭、张伯苓、陶行知、潘康伦、瞿希贤、周有光、荣毅仁、经叔平、鲁平、钱李仁、朱良、董乐山等一批风云人物，投身政坛、商界、科学、文化、艺术等各领域，可以说他们在中国历史的进程中都有一定的影响。新中国成立前，圣约翰大学是中国共产党地下组织很活跃的学校。我受其影响，加入了共青团，在学生会担任了福利部长，创办了学生食堂，使学生共享了平价的伙食，后来又担任了学生会主席。

1952年8月，我大学毕业。当时，新中国刚刚成立不久，急需大批的经济建设人才，我被分配到了东北工业部机械工业局工作。七个月之后，东北行政区被撤销，我被分配到第一机械工业部政策研究室工作。1958年至1978年期间，我从第一机械工业部调动到农业机械部，后又因为部委调整调回第一机械工业部。在第一机械工业部工作期间，1953年，我随段君毅副部长到东北选择厂址，选定富拉尔基作为第一重型机械厂厂址，到长春选定第一汽车厂厂址。1956

年，我随黄敬部长参加建厂投产典礼。我随汪道涵副部长出差，交谈多次。在农业机械部工作期间，我随项南副部长做过一次“河北如何恢复农业生产”的调查。调查组向中央报告提出：恢复农业生产，首先要消除极“左”思想路线（在极“左”思想路线下，割所谓资本主义的尾巴，把农民的自留地和饲养的大牲畜一扫而光，说生产资料必须公有才是社会主义），把发展农业生产力、提高农民生活水平作为首要任务。各种运动裹挟着工作事务使我辗转大江南北，曲折的经历使我的思想逐渐成熟，在实践中增强了我独立思考的能力。

1982年3月8日，五届全国人大常委会第二十二次会议决定，撤销国家机械委，成立国家经济体制改革委员会（以下简称体改委）。4月24日，中央任命薄一波为体改委党组书记、第一副主任，我们机械委的一些骨干就跟着薄老到了体改委，我被分配到调研组。1983年，我担任调研组组长；1984年，受体改委党组委托，负责筹办中国经济体制改革研究所，并担任第一任所长；1985年5月，担任体改委副主任，为党组成员。1993年，我担任中国经济体制改革研究会副会长，兼任香港特别行政区预委会、筹委会经济小组组长，经外交部推荐、联合国批准，任联合国发展政策委员会（由24个国家专家组成）委员。从1984年到2003年，我先后六次参加中央重要文件的起草工作，亲历了我国经济改革的重大决策过

1994年高尚全参加联合国发展政策委员会首次工作会议

程。1994年获香港理工大学中国杰出学人奖。1999年到2009年，我担任中国经济体制改革研究会会长。其间，在美国明尼苏达大学任斯诺教授，在哈佛大学和斯坦福大学担任访问学者。我于2006年6月获“十大中华英才”奖，2008年11月获“中国改革开放30年杰出人物”奖，2008年12月获“影响中国改革30年30人”称号。2009年到2014年10月，我担任中国经济体制改革研究会名誉会长。其间，我主编的《改革是中国最大的红利》获评“2013年度中国好书”，我本人也于2014年1月获《人民论坛》“2013年度十大思想人物”奖，同年8月获“中央纪念邓小平同志诞辰110周年学术研讨会特等奖”。我退休后，仍坚持上班，继续为改革鼓与呼。

二 学术生涯和学术成果

1956年，我在《人民日报》发表了一篇《企业要有一定的自治权》调研报告，此后我与中国改革结了缘，一直为改革鼓与呼。特别是改革开放之后，我从业务部门调到专门的改革机构，从此便全身心投入改革事业之中。中国波澜壮阔的改革进程，对我这样一个热衷于改革研究的人而言，可以说是如鱼得水，是我一生的幸运。如果不是改革，我在研究上可能走不了这么远。我的研究与改革的进程密切联系在一起，与改革重大事件有机结合，研究思路的问题导向和研究成果迅速接受实践检验，这成为我学术生涯的突出特点。此外，中国改革在实践推进中面临的诸多难题，总需要通过不断创新找到攻坚克难的办法，这使我对创新特别关注，体制创新也由此成为我学术生涯中重要的研究对象。从整体来看，在我的学术生涯中最值得回忆的成果有32条：

1. 企业自治权的提出，为我国微观经济体制的改革打造了理论基础

我在第一机械工业部研究室撰写的一篇《企业要有一定的自治权》调研报告于1956年12月6日在《人民日报》上发表，提出了企业缺乏自治权造成的后果：抑制了企业和职工的积极性和创造性，助长了国家机关的官僚主义、文牍主义和事务主义，造成了资源的很大浪费。我为此在“文化大革命”中受到了批判，有人在大会上批判说，企业就应该国家、政府叫干啥就干啥，企业有了自治权就变成“南斯拉夫”，就变成“修正主义”了。

改革开放后，许多改革措施是从给企业放权开始的，这受到了联合国的赞扬，并把我的文章翻译成英文，加上了序言。联合国开发计划署署长威廉·德雷普（William Draper）说：“你不愧是中国前驱的经济改革家。”

2. 农民不能自购自用手推车引起我对所有制结构的思考

手推车是农村重要的运输工具，但在极“左”路线干扰下，为了消灭私有制，制造了“手推车是生产资料，农民不能私有”的说法。中央为了恢复农业生产，派出了调查组。我加入了项南同志带领的河北调查组，到河北望都、沧州、兴隆等地，目睹了农业生产遭受严重破坏和农民贫困的情况，这主要是为了“穷过渡”、割资本主义尾巴。不准农

民种自留地，不准农民养家畜，不准农民搞农贸市场，认为牛和手推车都是生产资料，所以不准养牛，手推车只能集体所有。集体购买的手推车，只使用，无人保养、维修，所以没过多久，手推车就趴窝了。因此，恢复农业生产，必须拨乱反正，把禁止改为允许。我当时写了一篇《手推车见闻》，提出农村生产离不开手推车，农民生活也离不开它，农民喜欢它，为何不让农民购买拥有？这使我思考：我们要消灭私有，实行生产资料公有制的目的究竟是什么？离开了人民生活水平的提高，离开了生产力的发展，能得到人民的拥护吗？

3. 提出社会主义商品经济理论，促使经济体制关键性突破

1984年4月，我参加了《中共中央关于经济体制改革的决定》的起草工作。在起草过程中，要不要提出商品经济的概念？有人认为不能提，因为社会主义是计划经济，如果提商品经济，不是搞资本主义了吗？我讲了广东人吃鱼的故事：计划经济把价格管死了，吃不上鱼，后来搞了商品经济，价格放开了，鱼就多了，吃上了鱼。但是，两种意见争论不休。我建议在西苑旅社开一个理论研讨会。之后，我把会议的意见上报，提出当前经济体制改革要在理论上有一个关键性的突破，要明确提出“社会主义商品经济”的理论概念，此时的条件已成熟。时任国务院总理批示：“请起草小组参考，马洪同志也有这个意见。”

4. 两个建议被吸收到党的十三大报告中

1987年8月，在党的十三大报告征求意见时，我提出两点建议：

一是计划与市场理论上的创新，提出“计划与市场都是一种手段和方法，并不反映社会制度的属性”，突破了“计划是社会主义、市场是资本主义”的传统观念。

二是建议用经济合同取代指令性计划，为改革计划经济找到突破口。

现代化大生产都要利用计划和市场两种手段和方法，社会主义利用市场手段和方法，不会改变社会主义性质。

用经济合同逐渐取代指令性计划，是社会主义商品经济发展的需要，是改革的必然趋势，是市场配置资源的基础。这有利于增强企业活力，也有利于政府职能的转变——从下达指令性计划的直接管理转向间接管理。

5. 用现代劳动力市场取代劳动就业市场传统观点

1993年5月，在参与十四届三中全会《中共中央关于建立社会主义市场经济体制若干问题的决定》起草工作中，温家宝同志是起草小组总组长，下设若干分小组，我是“市场体系分小组”的负责人，成员有郑新立和张卓元。我曾几次提出要写上劳动力市场的理论，我们三人一致认为，要把“劳动力市场”和“资本市场”写上去。但在起草小组讨论中有人不赞成，理由是“提出劳动力市场会影响工人阶级主人翁地位”。1993年11月3日，中共中央政治局常委会讨论《中共中央关于建立社会主义市场经济体制若干问题的决定》，送审稿上仍然用了“劳动就业市场”，我作为分小组的负责人列席了常委会的讨论，眼看“劳动就业市场”要通过时，出于改革初心，大胆地举手发言，一口气讲了必须理直气壮地肯定“劳动力市场”的五点理论思考：

一是如果劳动力不进入市场，其劳动价值不能体现出来，平均主义就是因为没有市场评价。

二是劳动力是最活跃的因素，它不进入市场，现代市场体系就建立不起来。

三是我国就业压力这么大，靠政府配置劳动力资源，根本解决不了这个社会问题。

四是发展劳动力市场不会影响工人阶级的主人翁地位，实行职工和用人单位双向选择，增强劳动者选择职业的自由度。

五是我国客观上已经存在劳动力市场，我们必须从实际出发，引导和发展劳动力市场，充分调动劳动者的积极性和创造性。

我的发言得到温家宝同志的赞同和支持。他在我的书面稿上写上“请泽民同志参阅”，时任中共中央总书记江泽民同志批示“复制请常委同志参阅”。各常委都无意见。最终，把“劳动力市场”载入史册。

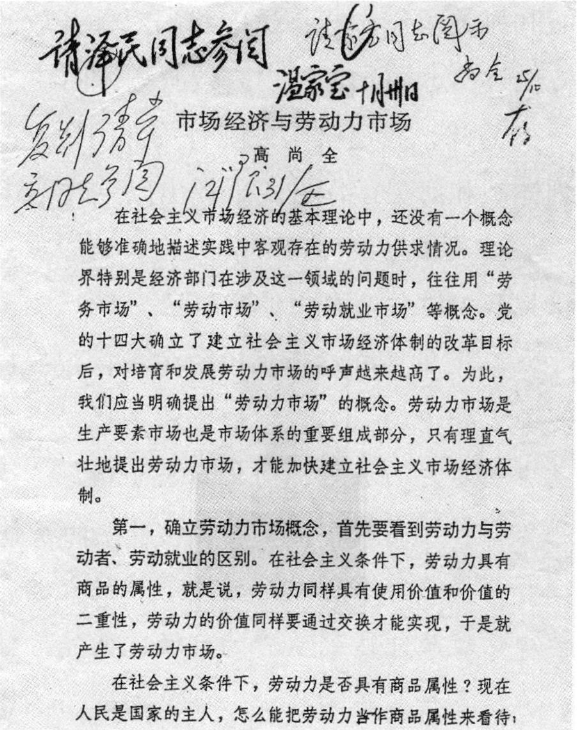

请泽民同志参阅

温家宝 十月卅日

市场经济与劳动力市场

高尚全

在社会主义市场经济的基本理论中，还没有一个概念能够准确地描述实践中客观存在的劳动力供求情况。理论界特别是经济部门在涉及这一领域的问题时，往往用“劳务市场”、“劳动市场”、“劳动就业市场”等概念。党的十四大确立了建立社会主义市场经济体制的改革目标后，对培育和发展劳动力市场的呼声越来越高了。为此，我们应当明确提出“劳动力市场”的概念。劳动力市场是生产要素市场也是市场体系的重要组成部分，只有理直气壮地提出劳动力市场，才能加快建立社会主义市场经济体制。

第一，确立劳动力市场概念，首先要看到劳动力与劳动者、劳动就业的区别。在社会主义条件下，劳动力具有商品的属性，就是说，劳动力同样具有使用价值和价值的二重性，劳动力的价值同样要通过交换才能实现，于是就产生了劳动力市场。

在社会主义条件下，劳动力是否具有商品属性？现在人民是国家的主人，怎么能把劳动力当作商品属性来看待：

时任中央领导批示复印件

6. 深圳盐田国际集装箱码头考察后的改革建议

1995年8月，马洪同志和我对深圳盐田国际集装箱码头进行实地考察。

盐田国际集装箱码头是香港和记黄埔集团和深圳市政府投巨资建成的。拥有现代化的港口设备、先进的电脑操作系统和国内少有的天然深水港。但由于体制原因，业务增长缓慢，大量设备闲置，而深圳出境的货物百分之九十是通过陆路口岸运往香港，再经香港转口运往世界各地。不仅造成深圳市区和香港沿线地区严重的环境污染和交通转运压力，而且形成深圳港口码头设备利用严重不足，香港货柜码头的吞吐量又达到极限的局面。其主要原因是，港口码头的管理体制和海关运作方式不适应我国对外开放的需要。国内码头在方便进出、简化手续、高效服务方面缺乏竞争力。

为此，我建议国务院有关部门研究改革境内国际码头管理体制和海关运作方式，提出以下改革建议：

一是借鉴境外国际货柜码头的管理经验及运作方式，建议把盐田港作为自由港试验区。

二是借鉴香港海关运作方式，按照国际码头的特点改革海关管理体制。本着方便货物、船舶进出和挂靠码头、增强港口竞争力的原则，简化海关手续，减少海关查验范围，为码头公司提高装卸、运送货物效率的条件。

三是借鉴香港政府港口管理的经验，简化联检手续，使港口管理既能达到监管的目的，又能方便客户使用码头。全面清理各种名目的收费，调整和取消不合理的收费，增加码头的竞争优势，使港口的运作适应进一步开放和满足更多客户的要求。

四是盐田港本身应加强国际化进程，向国际中转大港迈出实质步伐。只有为货主创造出方便、节省、高效的使用码头条件，才会有充足的货源，并吸引更多的外国船公司来盐田港开设航线。

这个建议送出后，时任国务院副总理李岚清同志于1995年9月5日批示："家华同志：'现在香港码头已处于饱和状态，九号码头建设尚难起步，而我们方面由于管理体制等方面的种种原因，港口货源不够多，不能充分利用。关于整个港口改革问题，已开始在深圳试点，但未涉及盐田报税问题。我想是否在盐田先试一试，把内贸和外贸的通道严格分开。这样可以同香港扩大国际航道。此事如无不妥，拟请海关合同口岸办组织实施，请酌示。'"①

7. 建言如何应对亚洲金融危机

亚洲金融危机触目惊心，有几件事是一辈子难忘的：

一是我与我的北大博士生完成了一份《汲取欧洲及墨西哥货币危机教训　确保香港金融市场的稳定》的报告。报告提出，要密切关注国际汇市的动向，面对猖獗的国际投机汇商利用港币兑美元的固定联系汇率狙击港币，有关当局应该高度戒备，采取切实有效措施，让这些敢于入市的投机商遭受重创，或知难而退。报告呈送给主管港澳办的时任国

① 李岚清同志收到建议后，第二天打电话给我，他说报告很好，为了避免争论，建议原稿中的"自由港"可改为"报税区"。其内容是一样的。

务院副总理钱其琛同志，他于1996年12月15日作了“送国务院港澳办参阅”的批示。

二是在全国政协会议期间，时任国务院总理朱镕基同志在听取经济组意见时，我提出了应对亚洲金融危机的7条措施，最后一条就是做好索罗斯的工作。亚洲国家应对金融危机有两种方式：马来西亚马哈蒂尔采取与索罗斯对骂的方式；韩国则采取柔性的方式，缓和了矛盾。这件事引起了我的思考。我当场向朱镕基同志提出要做好索罗斯的工作，因为他是关键人物，我愿意为此努力。我于1998年3月19日给钱其琛同志写了一份书面报告，表示我即将去世界银行工作，有条件做索罗斯的工作。我到了世界银行后，时任世界银行行长詹姆斯·沃尔芬森为我举行欢迎晚宴，时任中国驻美大使李肇星同志应邀出席时，我把钱其琛同志的批示说了一下。我与索罗斯见面是由世界银行行长安排的，李肇星同志派了使馆高级参赞陪同参加。见面时，我简要回顾了1986年在匈牙利见面时的情况，然后向他提出了三点忠告：（1）香港有实力抗击危机，有970亿美元的外汇储备；（2）香港是有准备的，采取了严防措施；（3）香港有内地强有力的支持。

索罗斯是个聪明人，经过权衡利弊，未在香港做大的动作。香港避免了一场金融风暴。

8. 对1998年世界金融危机的看法和建议

1998年我受聘于世界银行，其间我对亚洲金融危机的影响、特点，世界经济的发展趋势，以及我们的对策做了一些研究。我提出《对当前世界金融危机的看法和建议》。时任中国经济体制改革研究会会长安志文于1998年10月20日将我的建议转送给朱镕基同志，朱镕基同志于10月25日批示：“请岚清、家宝批转相龙同志阅。”

为何要提出此建议？亚洲金融危机使世界经济正面临半个世纪以来最大的金融挑战。世界已进入金融风险性时代。此次亚洲金融危机具有全球性、持续性、紧急性、投机性的特点，由于国际社会采取了一些措施，世界金融市场趋于稳定，世界经济形势出现了好转迹象。但是，世界经济出现衰退的风险仍然较大。这场金融危机，对我国既是挑战，又是机遇。为此，我提出以下应对措施和建议：

一是加快金融体制改革，确保金融安全。

我国严重的金融债务问题潜伏着金融风险，已成为改革发展的严重障碍。

确保金融安全，要从清理银行坏账入手。日本设立了一个特别委员会专职监督、清理坏账工作。我国各银行应尽快采取贷款风险评估，以免新的坏账产生。

二是加快经济结构改革，提升经济增长潜力。

随着信息—电子商务时代的到来，信息产业的作用越来越大。1997年以来，美国工业生产增长的45%是由信息产业带动的。我国要扩大风险投资，努力提高技术层次和技术含量，把企业重组和发展信息产业结合起来。要扶持中小型高新技术企业。

三是加强海峡两岸暨香港的金融沟通和合作。

这不仅可以优势互补，促进各自经济的发展，而且可以减少世界金融危机的负面影响。据世界银行最近公布的《世界银行报告》，1997年海峡两岸暨香港GNP首次突破1.5万亿美元，外汇储备已突破3000亿美元。欧洲十几个国家，尚且能建立欧盟，统一货币。我们同属一个国家，又是同文、同种。加强海峡两岸暨香港的金融互补，只要以中华民族的整体利益为重，实行“双赢”战略，就可以迈出实质性步伐。

四是中国应在改革金融体制、建立国际新秩序中发挥更大作用。

建议将国际货币基金组织建成一个国际性中央银行，使之成为对付世界金融危机的最后屏障，或者建立新的国际金融组织（WFO）。建议我国人民银行成立一个专题研究组，向国际社会提出我国国际金融体制改革的建议，这样才能使我国在金融新秩序中发挥更大作用。

9. 建言把“自由”和“人权”写入党的十五大报告，为“人权”入宪和“自由”作为核心价值观打下了基础，使政治体制改革迈进了一大步

1997年，我参加党的十五大报告起草工作，负责所有制部分。在阅读了政治体制改革部分的草案后，我向负责的同志提出了“为什么没有写‘自由’和‘人权’？”的问题。在得到“没有地方了”的回复后，我没有打消把“人权”与“自由”写进党的十五大报告的念头。在之后的起草小组大会上，我提出将“自由”和“人权”写进党的十五大报告，并阐述了三条理由：

第一，我们每个人想一想，问一下自己要不要自由，

要不要人权。我相信，如果说真话的话，都要。既然人心所向，为什么要回避呢?

第二，《宪法》中明确规定了公民的各项自由。党的十五大报告应该延续宪法精神，将“自由”和“人权”纳入其中。

第三，民主、自由、人权是人类所共同追求的，是人类文明的成果，并不是资本主义特有的。中国共产党作为为人民谋幸福的党，应该把这个旗帜举得高高的。

这个建议得到了主持起草小组工作的温家宝同志的赞同。当天晚上，他就考虑了这个问题。第二天，起草小组开会的时候，他首先讲：“昨天，尚全同志提出的建议解决了。”在党的十五大报告中，温家宝同志亲自写上了“保证人民依法享有广泛的权利和自由，尊重和保障人权”。后来，“人权”被写入《宪法》，把“自由”作为社会主义核心价值观的重要内容之一。这是中国社会的一个重大进步，具有重要的历史意义。

10. 关于理论创新和体制创新的几点思考和建议

2000年9月30日，我向时任国务院经济体制办公室主任王岐山同志和常务副主任宋宝瑞同志提出关于理论创新和体制创新的几点思考和建议。

为何要提出建议？因为当时在改革中面临着一些极为复杂的深层次矛盾的问题。因此必须坚持理论创新和体制创新，这才是解决问题的唯一出路。

一是经济体制创新：发挥民营经济不断创新的原动力。

实践已经证明，哪个地方民营经济发展得快，哪个地方经济增长就快，就业稳定，市场繁荣，财政收入高，人民的生活改善快。经过二十年改革开放，我国所有制结构发生了很大变化，国有经济对我国国民经济的贡献率约占三分之一，而民营经济达到三分之二，民营经济已成为推动国民经济的重要力量。

二是政治体制创新：完善和发展基层民主制度。

完善和发展基层民主制度，让地方干部直接对本地选民负责，是改善政府与民众关系的重要途径。进一步在基层推动地方官员的民主选举制度，让地方官员在受到中央监督的同时受到当地选民、当地纳税人的充分监督，形成一种使政府与民众的矛盾得以在地方范围内解决的机制。1998年以来，我国已经在村一级实行了村民自治、直接选举村干部的制度，取得了很好的效果，我们应该以此为基础，总结经验，有步骤地推广。

三是法治创新：激励经济主体的创新。

当前，政府各部门越来越多的层层审批制度，一方面导致企业经营成本太高，阻碍资源有效配置，抑制经济主体的创新行为；另一方面，由于政府垄断权力资源，致使一些政府官员以权谋私，权钱交易的腐败行为屡禁不止，逐步升级，引起广大人民群众的不满。

市场经济中，法治精神的核心是鼓励创新，基本原则是凡是现行法律法规不禁止的事都是可以做的，不违法的企业和个人的创新行为，无须政府“审批”。

这几点思考和建议，当时得到有关领导的重视。现在时隔近二十年，情况发生了很大变化，我很期望有关部门对这些重大问题进行研究、总结。

11. 提出改革无止境、完善也是无止境

在参加《中共中央关于完善社会主义市场经济体制若干问题的决定》的文件起草工作中，针对党的十六大提出的建成完善的社会主义市场经济体制和更具活力、更加开放的经济体系，我于2003年4月23日提出：

完善社会主义市场经济体制是动态性、阶段性的概念。从理论上看，改革是无止境的，完善也是无止境的，因为经济基础是不断变化的，生产力是不断发展的。因此，上层建筑和生产关系必须不断与此相适应。从实践来看，完善也是动态的、阶段性的。

因此，中央关于改革的决定中不再提出何年何月建成完善的社会主义市场经济体制的要求。

12. 建言从源头上完善宏观调控

什么是社会主义市场经济体制？按照十四届三中全会所给的定义："建立社会主义市场经济体制，就是要使市场在国家宏观调控下对资源配置起基础性作用。"有几个问题引起我的思考：

一是宏观调控是资源配置的前提条件，还是市场经济的重要内容？

二是资源是在市场配置的基础上发挥政府的作用，还是资源配置在政府的作用下发挥市场的作用？

三是资源配置的主体是政府还是市场？是政府主导型还是市场主导型的经济？

四是宏观调控的含义是什么？狭义的理解为国家主要利用货币政策和财政政策调节经济的运行，广义的理解包括运用必要行政手段来调控经济。

五是谁代表国家进行宏观调控？国务院当然代表国家，但是省市也说自己代表国家，所以各地都争取要宏观调控权。

2003年4月，我参加《中共中央关于完善社会主义市场经济体制若干问题的决定》的起草小组会议。一开始就提出上述意见。经研究，中央吸收了这个意见，不再提“要使市场在国家调控下对资源配置起基础性作用”，只强调“在更大程度上发挥市场的基础性作用”。

13. 建议把政府改革作为改革的中心环节

1984年《中共中央关于经济体制改革的决定》提出，把国有企业改革作为改革的中心环节。“九五”“十五”仍把国有企业改革作为中心环节提出来。

“十一五”期间，我国经济体制改革仍处于攻坚阶段，金融体制改革、大型国有企业改革、政府治理改革等，都是下一步改革的难题。改革抓什么中心环节才能把整个经济体制带动起来？我认为这是值得思考和研究的重大问题。

我为何建议把政府改革作为整个改革的中心环节，取代企业改革作为整个改革的中心环节？当时，主要分析了以下几组数据：

一是投资过热，主要来自政府强烈的投资冲动。2004年1—2月，全国固定资产投资比上年增长53%，其中地方项目投资增量超过64.9%。

二是在银行的不良贷款中，大部分来自政府的干预和国有企业的信贷。

三是在国家五部委联合企业进行的全国土地督察中，查出的10.1万起土地违规行为，其背后几乎都有政府的影子，因为土地已经成为地方政府的重要收入来源。

四是金融体制改革和大型国有企业改革的滞后，都与政府改革不到位分不开。

五是政府治理改革，关键是转变政府职能，依法行政，使政府真正转变为公共产品的提供者，要改变中央政府谋发展、地方政府搞建设的状况。

这个建议提出后，受到国务院领导的重视和批示。2004年6月30日，时任国务院总理温家宝同志批示："请黄菊、培炎同志阅转发改委参阅。"同日，时任国务院副总理曾培炎同志批示："请马凯、之鑫同志参阅。"从此，中央和国务院文件中，不再提以企业改革为中心环节。

14. 对私营企业主的劳动收入和合法的资本收入应该在法律上加以保护

2000年9月，我向中央提出了"深化对劳动和劳动价值论的认识"的建议。我认为，为了民营经济的健康发展，要对生产要素分配以及与此相关的经营管理者和技术人员的收入、私营企业主的收入有科学的分析。应该承认，私营企业主经营管理企业的活动也是一种劳动，特别是对有些凭借自己的技术发明的企业主，他们的收入中应有很大部分是属于自己的劳动收入。对于私营企业主的劳动收入和合法的资本收入，我们应该在法律上加以保护。

在当代科技改变世界的潮流中，科技人员在创新核心技术中将发挥越来越重要的作用。因此有必要有相应的激励机制，特别是股权激励，激发其创新的积极性。这个建议受到了温家宝同志的重视并作了批示。

15. 与华为创始人任正非的患难之交

1997年，在参加党的十五大报告起草期间，有人认为华为公司姓“资”不姓“社”，主要理由：一是认为国家没有投资，二是搞了职工持股。因此提出没有坚持社会主义的方向的质疑。我专程去深圳做了调研，调研的结果如下：一是国家确实没有投资，而是创始人任正非以两万多元起步，任正非的持股只占总资本的1.4%，其余为职工持股；二是职工持股后真正成为企业的主人，职工的积极性和企业的发展捆绑在一起，职工分享了企业改革发展的成果；三是为国家增加了大量税收；四是创造了十多万人的就业机会；五是依靠人才和高投入大大增强了核心竞争力。华为把年销售收入的10%～15%投入研发，让超过45%的员工从事创新研究。因此，华为入围世界500强企业，成为唯一一家被列为“最佳全球品牌”的中国企业。

华为的经验，冲破了“国家投资是社会主义、民间投资是资本主义”的落后保守观念，探索了有效的所有制实现形式。因此，党的十五大报告上写上了“劳动者的劳动联合和劳动者的资本联合为主的集体经济，尤其要提倡和鼓励”。这是中国特色社会主义所有制实现形式的伟大创新。

16. 中国组建金融资产管理公司应注意的几个问题

1996年6月，我国新组建的信达资产公司，是由中央财政出资的公司。在其设立管理、经营运作方面，有不少值得注意和研究并亟待解决的问题，如：

一是资产管理公司的职责须明确；

二是资产管理公司运行所依托的法律环境须完善；

三是资产管理公司的运营成本谁来承担；

四是不良资产出售的价格谁来确定；

五是如何吸引更多的投资者来接收不良资产；

六是如何防范在处理不良资产中的腐败问题；

七是如何提高资产管理公司的操作技巧和管理水平。

以上意见，温家宝同志于1999年6月30日批示："请镕基同志阅。"朱镕基同志于1999年7月2日批示："请民康、小川、雪冰同志阅。"

17. 关于股市的一些看法和建议

1999年7月，我对当时的股市提出了看法和建议后，时任国务院总理朱镕基同志于7月23日作出批示："请正庆、相龙同志阅。"

我的主要看法和建议如下：

一是正确对待对股市的不同意见。一种意见认为股市走势过于迅猛，表示出更多忧虑；另一种认为，近期股市强劲上扬，有利于中国经济的增长。股市出现不同意见是正常现象。广大股民是消费能力较强的群体，股市的平稳发展，能有效地刺激消费，推动整个经济的发展。

二是实体经济的增长是股市健康发展的基础。我国股市的健康发展，取决于实体经济的支撑。提高上市公司的质量，是实体经济稳定的基础。要把上市公司的审批权交给交易所，并承担相应的责任。

三是开辟一条公开、公平面向各种所有制企业上市的通道。按照市场化规则，选择业绩好、科技含量高、真正有发展前景的企业优先上市，淘汰不可救药的落后企业，优化上市公司质量。

18. 探讨什么是中国特色社会主义

2001年3月，深圳举行了一个高级顾问会议，讨论的题目是“深圳如何做好中国特色社会主义的示范区”。参加会议的有广东省和深圳市的领导，还有从北京来的马洪同志（时任国务院副秘书长兼中国社科院院长）、刘国光同志（时任中国社科院副院长）和我（时任体改委副主任）等。在讨论中，黄涤岩顾问（时任中国银行香港负责人）提出，深圳要作为中国特色社会主义的示范区，首先应该明确什么是中国特色社会主义。这个概念不明确怎么能当好示范区呢？他提出的问题不是没有道理，但当时会议冷场了。大家要我讲，我即席讲了四条：

第一，以民为本，这是中国特色社会主义的出发点和落脚点；

第二，市场经济，这是中国特色社会主义的运行基础；

第三，共同富裕，这是中国特色社会主义的重要目标；

第四，民主政治，这是中国特色社会主义的重要保障。

我说我讲得不成熟，供大家讨论参考。马洪同志说，这四条很好，建议加一条：中华文化。我赞同，所以加上了一条：

第五，中华文化，这是中国特色社会主义的内在要求。

19. 建设服务型政府的“一二三”理念

2005年7月，我提出关于如何建设服务型政府的建议，提出“解决一个矛盾，搞好两个服务，创新三个理念”：

解决一个矛盾，就是我国在经济社会发展中面临的主要矛盾是公共需求的全面、快速增长与公共产品供应严重不足的矛盾。这个矛盾如果处理不当，必将影响经济社会发展、人民生活水平提高和社会稳定。因此，政府必须扩大和强化公共服务职能，把主要精力和财力集中到发展社会事业和扩大公共产品供给上来，切实解决好民生问题。

搞好两个服务，一是政府职能应转到为市场主体创造平等竞争环境和提供服务上来。二是政府职能应转到为人的生存和发展创造良好、和谐、可持续的环境和提供服务上来。

创新三个理念，一是坚持人民群众是创造财富的主体的理念。政府是创造环境的主体，应把实现人民利益最大化作为改革和发展的最终目的，使全体人民共享改革发展的成果。二是坚持“非禁即入”的理念。从“允许性”理念转变到“禁止性”理念，是政府转型的重要突破口。“非禁即入”的理念扩大了创新空间。三是坚持依法行政的理念。首先，确立政府只能做法律（法规）规定的事情的理念，减少以至消除政府行为的随意性。依法行政是规范政府行为的前提和基础。当前，应特别重视界定行政立法主体的立法权限和约束条件，防止个别部门以“法”扩权或越权谋取集团利益。其次，明确政府的公共职能，解决转型中的政府“越位”“缺位”“错位”问题，大力减少政府直接干预微观经济活动的行为……再次，完善政府行为的监督机制……

这个建议受到曾培炎同志和马凯同志的重视和批示。

20.“十一五”时期要尽快解决困难群体的社会保障问题

2005年8月，我提出要高度重视困难群体的社会保障问题，保障困难群体的基本生活，并提出六条解决困难群体社会保障问题的政策措施：

一是以新型农村合作医疗和农村最低生活保障制度为重点，推进农村社会保障事业的发展；

二是创造条件，逐步建立农村养老保险制度；

三是解决失地农民和进城农民工社会保障问题，推进城乡社会保障统筹发展；

四是推进城市医疗救助工作；

五是加强职业技能培训工作，有效帮助困难群体解决就业问题；

六是完善公共财政体制，增加国家对社会保障的投入。

时任国务院总理温家宝同志对尽快解决困难群体的社会保障问题非常重视，于2005年8月10日作了批示：“请黄菊、吴仪、培炎、良玉阅，并转发改委起草组研究。”发改委主任批示：“请盛霖、之鑫同志阅并转规划司、就业司研阅。”

21. 民本经济论、人民本位论的提出，引起国内外的重视

为了探索一切符合“三个有利于”的所有制实现形式，改变我国所有制结构单一化的状况，我于2001年提出了“民本经济论”。2005年9月，社会科学文献出版社为我出版了《民本经济论》。民本经济就是以民为本，民有、民营、民享的经济，也就是老百姓经济。我在浙江经过多次调研后，发现浙江经济的成功、浙江人均收入名列前茅的一个重要原因就是浙江经济是以民为本的经济。核心是发扬了“五千”精神：千辛万苦来创业、千方百计搞经营、千家万户来发展、千山万水找市场、千头万绪抓根本。

人民本位论，就是改革发展，一切为了人民，一切成果由人民分享。以人民为本，以人民为中心，人民是创造财富的主体，而政府是创造环境的主体，这个理论颠覆了计划经济中政府是创造财富的主体的理论。

要实现民本经济论和人民本位论，政府必须自我革命。

《民本经济论》和《人民本位论》的出版，引起国内外理论界的关注和重视。

《人民本位论》《民本经济论》两本著作

22. 关于增储黄金、调整外汇储备结构和加快改革外汇管理体制的建议

我于2009年到2011年期间对增储黄金、调整外汇储备结构和改革外汇管理体制做了一些阶段性的研究，上报后分别得到国务院领导的重视和批示。如：

第一，2009年的“优化我国外汇储备的战略行动方案”；

第二，2009年的“增储黄金，优化外汇储备的五点建议”；

第三，2010年的“将黄金列为国家战略储备和利用外汇收购海外金矿的两点建议”；

第四，2011年的“大力调整外汇储备结构　加快改革外汇管理体制”。

为什么要增储黄金？为什么要调整外汇储备结构？因为增储黄金是优化我国外汇储备的最佳选择。我国外汇储备中大部分是美元资产，这一结构使我国财富安全在很大程度上受制于人。据2010年9月的统计，我国拥有黄金储备1054吨，占我国外汇储备的1.5%；美国为8133吨，占美国外汇储备的72.1%；德国为3456吨，占德国外汇储备的66.2%；法国为2451吨，占法国外汇储备的65.7%。我国黄金储备量过小，而且结构不合理，会给我国造成很大风险和损失。

改革现行外汇管理体制：第一，要打破战略制定者、资金的需求者和外汇管理者、使用者之间割裂的状况。建议国家发改委、国资委、财政部、人民银行、外管局共同参与，组织专题小组，由国务院秘书长领导，修改有关法律法规，研究打通外汇资金向产业界转移的通道。第二，增加黄金储

备，建议黄金储备的比重由目前的1.5%增加到15%左右。第三，进口民生所需和严重供不应求的商品，以抑制通货膨胀、改善民生。第四，以外汇储备为基础，发行国际版的人民币，为人民币国际化积极创造条件。

23. 关于将财政补贴转变为股权投资的建议

2010年11月15日，我对广东在“十三五”期间将安排100亿元财政资金扶持新产业的做法表示了极大的兴趣和赞赏。

我在致信时任广东省委书记汪洋同志时说，这是很有远见的举措，因为：转变经济发展方式离不开财政金融体制的改革和创新；股权投资方式有利于加快战略性新兴产业发展。

把财政补贴变为股权投资，重点是引入了市场机制，把无偿补贴变成投资入股，好处是有利于统筹兼顾，形成合力；有利于科学管理，提高效率；有利于良性循环，持续发展；有利于吸引社会资本，调动民间资源，可实现“四两拨千斤”的效果。

财政资金形成项目企业的股权，企业获得了资金，也承担了实现股东权益的义务，政府落实了扶持政策。企业形成规模和效益后，政府退出股权，回收的资金可以循环使用，减轻财政负担，实现可持续投入和发展。

我建言后，汪洋同志批示：“请小丹同志组织研究。”广东省成立了首支大型备案型基金，取得了良好的效果。

24. 党的执政基础在于“三个民”（民心、民生、民意），民心是核心

2012年5月，我向中央提交了关于党的十八大报告的建

议，党的十八大可以在以下三个方面做出论述：

一是确保市场在资源配置中发挥基础性作用，严格约束行政权力对市场的过度干预。

二是党的执政基础不在于国有经济比重高低，而根本在于“三个民”：民心、民生、民意。民心是核心，“得民心者得天下”，古今中外的历史都说明这个道理。为了得民心，必须把民生搞上去，使老百姓分享改革发展的成果；为

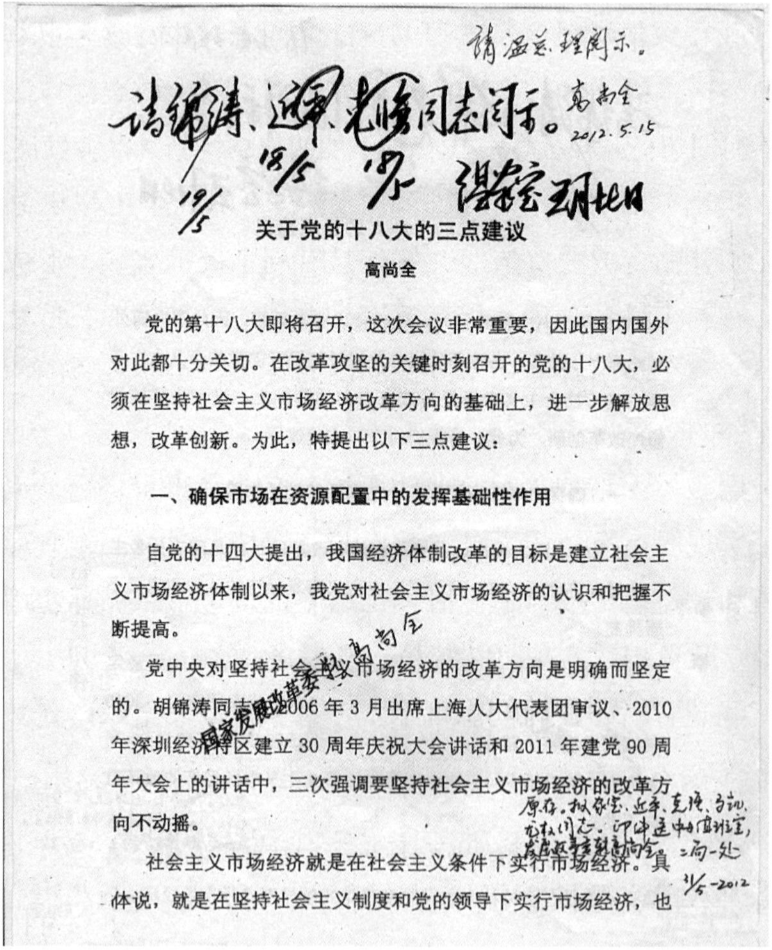

请温总理阅示。

请锦涛、近平、克强同志阅示。高尚全 2012.5.15

关于党的十八大的三点建议

高尚全

党的第十八大即将召开，这次会议非常重要，因此国内国外对此都十分关切。在改革攻坚的关键时刻召开的党的十八大，必须在坚持社会主义市场经济改革方向的基础上，进一步解放思想，改革创新。为此，特提出以下三点建议：

一、确保市场在资源配置中的发挥基础性作用

自党的十四大提出，我国经济体制改革的目标是建立社会主义市场经济体制以来，我党对社会主义市场经济的认识和把握不断提高。

党中央对坚持社会主义市场经济的改革方向是明确而坚定的。胡锦涛同志在2006年3月出席上海人大代表团审议、2010年深圳经济特区建立30周年庆祝大会讲话和2011年建党90周年大会上的讲话中，三次强调要坚持社会主义市场经济的改革方向不动摇。

社会主义市场经济就是在社会主义条件下实行市场经济。具体说，就是在坚持社会主义制度和党的领导下实行市场经济，也

中央领导批示复印件

了得民心，就要尊重民意，使老百姓有话语权，有参与权，有监督权，有尊严。

三是充分发挥国有经济的主导作用，使股份制成为公有制的主要实现形式。必须完善、发展基本经济制度的内涵，把原来的“公有制为主体”，完善修改为“国有经济为主导”或“公有制为主导”。

中央对我的建议很重视，温家宝同志于2012年5月17日批转给了胡锦涛、习近平、李克强等中央领导同志阅示。习近平同志和李克强同志于5月18日圈阅，李克强同志批示：“请张平同志阅研。”一个建议，几位中央领导同志在三天之内完成批转过程，这在改革历史上是少有的。党的十八大报告除了明确坚持社会主义市场经济的改革方向之外，特别就民本问题指出：“必须更加自觉地把以民为本作为深入贯彻落实科学发展观的核心立场，始终把实现好、维护好、发展好最广大人民根本利益作为党和国家一切工作的出发点和落脚点，尊重人民首创精神，保障人民各项权益，不断在实现发展成果由人民共享、促进人的全面发展上取得新成效。”

25. 关于推动中美自由贸易协定的建议

2012年12月中旬，在参加“中国发展高层论坛”期间，我与美国政商重量级人物格林伯格（美国友邦保险创始人）作为老朋友在钓鱼台国宾馆亲切交谈，交谈中我们一致认为要尽快启动中美自由贸易协定的谈判。双边自由贸易协定，是世界经济发展的趋势，有助于协议双方建立更加全面的经济合作关系。虽然谈判过程十分艰辛，不是短时间内可以完成的，但可为经贸关系发展创造良好的氛围，有助于避免贸易战。对此，时任国务院总理温家宝同志表示，他有信心，有朝一日中国将与美国签署自由贸易协定。

家宝同志：

去年十二月中旬，在钓鱼台举行的“中国发展高层论坛”期间，格林伯格先生同我进行了一个多小时的交谈，他提出了启动中美自由贸易协定谈判的建议。我们于上世纪九十年代初就认识，所以围绕中美自由贸易协定交谈时都能畅所欲言。我们是同一年代的老人，都希望在改善中美贸易关系中做出努力。总理于三月十九日会见时的表态，使他倍受鼓舞。

随后，我即约请有关专家对中美自由贸易协定的可行性做了初步研究（详见研究报告），如原则同意，建议组织高层次官产学对中美FTA的可能性进行深入的研究，妥否，请阅示。

高尚全

2013年1月30日

温家宝同志于2013年2月4日批示：“请德铭同志阅示，我今天仍然是这个看法。”

26. 关于图们江地区开发开放问题的建议

2007年9月22日，我向温家宝同志提出了“关于图们江开发开放问题”的建议。

家宝总理：

您好！

今年8月上旬，我和中财办、国务院研究室及体制改革研究会的部分同志，到吉林省就图们江地区开发开放问题搞了一次专题调研。总的看，吉林省在东北振兴以来，全省上下心气很足，发展很快，势头很好。在吉林调研期间，我听了吉林省政府《关于设立“长吉图开放带动先导区”的汇报》，现将自己的一些想法，向总理汇报。

感觉这个设想有很多亮点。一是意义重大。既符合锦涛书记“6·25”重要讲话关于“四个坚定不移”的精神和在吉林视察时的指示精神，也符合您上半年访韩时提出的“尽早提出中韩互利双赢方案，为制定中韩自由贸易区奠定基础”的指示要求，同时还符合振兴东北老工业基地的需要。二是特色鲜明。这个区域的地缘优势很明显，“一眼望三国”，可以联结朝鲜、俄罗斯的港口，离韩国、日本也很近。这里有旅游资源、矿产资源等可开发资源，还有人缘优势，是朝鲜族集中的地方。三是条件成熟。吉林近几年来发展很快，具备了发展基础。

吉林省提出设立“长吉图开放带动先导区”这个设想，我认为考虑得很深入、很全面，应该引起中央政府的关注。首先，设立“长吉图开放带动先导区”具有带动整个东北的作用。长期以来，制约东北地区发展的最大问题是出海口问题，出海口问题不解决就不能加快发展。东北仅有一个口岸远远不够，必须打通这个渠道。这个渠道打开了，吉林、黑龙江、内蒙古都可以通过这里出海。这不仅对振兴东北、振兴吉林有意义，对全国更有意义。其次，这是我国在东北亚区域的“先手棋”。图们江地区与湄公河地区类似，一个在东北，一个在东南。加快图们江地区的开发开放，其意义和作用不亚于湄公河地区，也符合中央现实的外交政策。最后，建设图们江国际自由贸易区可以做大文章。提出“合作共建、互赢共享”这个原则，周边国家都能接受。现在看，落实您的指示，构建双边多边自由贸易区，时机比较成熟。

综上所述，从国家战略层面考虑，在图们江地区设立一个面向东北亚的开放实验区，具有积极的现实意义和深远意义。

此致

敬礼

高尚全

2007年9月22日

温家宝同志于2007年9月24日批示：“请马凯同志阅酌。”

27. 关于加强资本市场支持互联网企业发展力度的建议

2014年9月，我针对国内资本市场对互联网企业支持力度有限，尤其是A股市场的现有体制、机制与互联网企业的发展需求不兼容提出建议。这些问题不仅导致大量优秀的互联网企业外流到国外上市，而且还影响国内资本市场对互联网企业的投资，最终阻滞了经济结构的调整。为此，我提出如下建议：

一是出台鼓励和扶持政策，加快互联网企业在国内创业板的上市进程。

二是降低财务门槛、减少法律限制，注重监管的实质，给企业创造市场化的上市环境，使上市不再严重影响企业的日常经营。

三是实现互联网企业A股IPO的市场化发行及定价。

四是吸引已在境外上市的互联网企业回A股上市。

时任国务院副总理马凯同志于2014年9月18日批示：“感谢尚全同志对中国资本市场健康发展的关心和建言。”

28. 两次建言十八届三中全会

我于2013年5月向中央提出了《关于十八届三中全会主题的建议》。

第一，十八届三中全会决定的名称。

中共中央关于全面深化改革的决定。

第二，决定的主要内容。

根据社会主义现代化和中华民族伟大复兴这个总任务和全面建成小康社会的目标，推进全面深化改革，涉及的不仅是经济体制改革，而且包括政治体制、文化体制、社会体制等五位一体的改革。在决定中对政治体制改革、文化体制改革、社会体制改革和生态文明体制改革都要作出部署。比如，政治体制改革，可把建立官员财产公示制度作为突破口推出，为了减少阻力，在操作上可实行三个“率先”，一是新当选或新任命的官员率先公示；二是新任官员中领导干部率先公示；三是财产中不动产率先公示。

第三，改革的系统性、整体性和协调性。

全面深化改革必须加强顶层设计，更加注重改革的系统性、整体性和协调性。

为此建议成立中央全面深化改革领导小组，由总书记任组长，国务院总理任副组长，中央和国务院相关负责人组成。下设办公室，负责全面深化改革的协调督查、评估落实。

建议上报后，习近平同志和李克强同志都予以圈阅，张高丽同志迅速作出批复："谢谢尚全同志的关心支持，请起草组研酌。"后续事实证明，中央全面采纳了我的建议，作出了《中共中央关于全面深化改革若干重大问题的决定》，并成立了以习近平总书记为组长的中央全面深化改革领导小组。中国的改革从此步入了新的阶段。

2013年7月，我再次就中央文件起草方式向中央提出两点建议：

一是如何进一步发挥智库的作用。建议中央选择四五个智库，限期其交出全面深化改革的方案。这样可以调动智库的积极性，各智库之间开展竞争，提高智库的学术水平；起草小组和智库两条腿走路，可以丰富中央文件的内容。

二是如何进一步激发广大党员、干部参与改革的积极性。在互联网时代，利用好现代信息工具，又坚持保密的情况下，建议设立一个专门的电子邮箱或者网站，广大党员、干部可以通过这个电子邮箱或网站为改革献计献策，使中央文件起草的过程是广大干部群众参与的过程，也是形成共识的过程。

十八届三中全会之后，中央多次强调要发挥智库的作用。

29. 关于如何推进供给侧结构性改革的思考和建议

2016年4月，我提出关于如何推进供给侧结构性改革的思考和建议：

第一，要明确供给侧结构性改革的内涵和外延。把供给侧结构性改革作为中国的战略调整和一个改革主线提出来，并急需统一认识。

第二，去产能是供给侧结构性改革的首要任务，核心是要处置好“僵尸企业”。

第三，把去产能同扶贫和“走出去”结合起来。

第四，把去库存同农村的改革结合起来。

第五，减税不仅要减轻企业负担，而且要同调节贫富差距结合起来。

第六，为供给侧结构性改革提供有效的制度性保障。

第七，推进供给侧结构性改革必须进一步深化政府改革。

第八，人的自由和全面发展是创新的动力之源。

第九，去产能、处理“僵尸企业”必须要有更大的勇气和更多的智慧。

这些建议受到有关领导的高度重视，刘鹤同志于2016年4月30日批示：“很好，有些已力争在领导讲话中吸收，可告高老。”

30. 提升民心的三点建议

2017年，以习近平同志为核心的党中央推进全面建成小康社会、全面深化改革、全面依法治国、全面从严治党已经过了5年，改革成效显著。改革已经处于深水区，到了动辄触及既得利益格局的啃“硬骨头”的阶段，改革的推进也遇到诸多挑战。与此同时，在经济新常态的大背景下，针对这些问题，我于2017年1月26日向中央新的领导集体提出《关于深化改革提升民心的三点建议》：

第一，在我国反腐斗争已形成了压倒性态势的条件下，要把反腐放到更加重要的位置上来，其中重点是把官员财产公示制度建立起来。民心是最大的政治。世界上已有140多个国家建立了官员财产公示制度。我国是以人民为中心的国家，是“四个自信”的国家，没有理由不建立这项制度。因

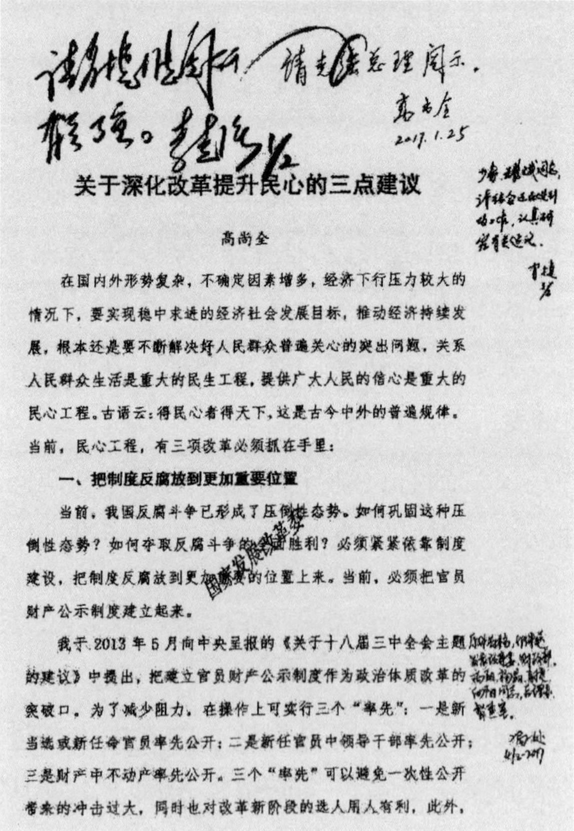

请克强总理阅示。

高尚全
2017.1.25

关于深化改革提升民心的三点建议

高尚全

在国内外形势复杂，不确定因素增多，经济下行压力较大的情况下，要实现稳中求进的经济社会发展目标，推动经济持续发展，根本还是要不断解决好人民群众普遍关心的突出问题，关系人民群众生活是重大的民生工程，提供广大人民的信心是重大的民心工程。古语云：得民心者得天下，这是古今中外的普遍规律。当前，民心工程，有三项改革必须抓在手里：

一、把制度反腐放到更加重要位置

当前，我国反腐斗争已形成了压倒性态势。如何巩固这种压倒性态势？如何夺取反腐斗争的全面胜利？必须紧紧依靠制度建设，把制度反腐放到更加重要的位置上来。当前，必须把官员财产公示制度建立起来。

我于2013年5月向中央呈报的《关于十八届三中全会主题的建议》中提出，把建立官员财产公示制度作为政治体质改革的突破口。为了减少阻力，在操作上可实行三个“率先”：一是新当选或新任命官员率先公开；二是新任官员中领导干部率先公开；三是财产中不动产率先公开。三个“率先”可以避免一次性公开带来的冲击过大，同时也对改革新阶段的选人用人有利，此外，

中央领导批示复印件

此，不管阻力有多大，不管困难再多，必须有勇气把这项提升民心的制度建立起来。

第二，反腐败工作罚没了大量贪腐财产，应当用反腐中罚没的财产建立扶贫基金。如果能够把反腐败过程中罚没的巨额资金投入民生当中，那就会大大增加人民群众的获得感，以人民群众看得见、摸得着的形式去实现正义，使反腐败工作获得更坚实的民意基础，就会大大提振民心。

第三，必须加快财税体制改革，清理行政性收费，大幅度减轻我国企业的税负，着力振兴实体经济，把振兴实体经济作为供给侧结构性改革的主要任务。为实体经济改革创新创造良好的条件，并有效应对美国的减税和贸易挑战。

我的建议上报后，获得了中央的积极回复。2017年2月6日，中共中央办公厅打电话给我的秘书通知：习近平总书记对高尚全同志《关于深化改革提升民心的三点建议》非常重视并作了批示，请转告高尚全同志。李克强总理则批转给时任财政部部长肖捷同志阅研，张高丽同志也作了批示。一位老改革者看了我的建议后评价："恰如其分！恰到好处！恰是关键！如实行，必民心大悦！民心大振！民心归一！"

31. 关于经济社会热点问题的思考和建议

2019年3月，我对时下经济社会热点问题提出几点思考和建议：

一是稳中有忧，如何处理好就业优先和大量结构性的矛盾；

二是如何过好"紧日子""苦日子"和"好日子"；

三是改革再出发，下一步做什么；

四是坚持"一带一路"支持非洲经济发展，同时严格控制不受欢迎的人群入关。

这里我想着重谈谈如何过好“紧日子”“苦日子”和“好日子”的问题。最近，社会上几乎同时出现过“紧日子”“苦日子”和“好日子”的概念，我都赞成，但我认为不要一般号召，而应该把握以下几点：

一是谁过“紧日子”，主体是谁？政府应该是过紧日子的主体，并不是要号召老百姓去过紧日子。政府过紧日子，老百姓才能过好日子。

二是我国虽然成为世界第二经济体，但人均GNP不高，尤其是农村仍比较落后，因此，过紧日子，是一个长期的任务。当前，外部关系复杂，贸易保护主义横行，出口乏力。同时，投资对经济拉动作用的边际效应也已经大幅递减。带动经济发展，主要靠内需，要靠老百姓的消费。老百姓的消费升级、消费增长，也是满足人民群众对美好生活的向往，使人民群众的幸福感、获得感得到提升的最为重要的途径。由此可见，过“紧日子”不是让老百姓和政府一起过“紧日子”，而是一方面要管住政府不能乱花纳税人的钱，另一方面要创造条件，让老百姓有能力、有意愿花钱提升消费。政府花纳税人的钱要看好，老百姓乃至公务员自己的钱则完全由自己支配，要鼓励日常消费。

三是过“紧日子”，谁有权花纳税人的钱？当然是有公权力的领导者，因此，各级领导要带头。依法治国，关键就是限制公权、扩大民权，而我们的体制在国家治理能力和治理体系现代化方面对公权力的限制和约束不足。习近平总书记强调：“把所有公权力都关进制度的笼子。”“要牢记手中的权力是党和人民赋予的，切不可随心所欲，为所欲为，做到秉公用权、依法用权、廉洁用权、为民用权。”“要强化法治思维，严格依照法定权限和程序行使权力，决不允许任何组织或个人有超越法律的特权。”①因此，领导要自我限权，一些花大钱的决策，比如援外和重大建设项目，要经过民主化的决策程序。这样做会进一步得人心，载入改革开放的史册。

四是减税降费，要同改善老百姓的生活紧密联系起来，真正做到取之于民、用之于民。决策层和税务部门多次讲了要大幅度减税降费，但仍然雷声大、雨点小。全国税务工作会议宣布2018年全国税收收入137967亿元，比上年增长9.5%，比GDP增幅还高2.9个百分点。税收增长连续多年高于GDP的增长。这一方面说明税收部门的业绩进步，另一方面也说明降税还有很大的空间，企业还得过“苦日子”。我国的税收结构不尽合理，喊了几十年要提高直接税的比重，但进展不大。直接税使每个人都与税收相联系，使纳税人的概念更好地建立起来。要改变过去那种“国家的钱不花白不花”的理念。税收和税款受纳税人监督，有利于更好地利用纳税人的钱。真正使税收取之于民、用之于民，让老百姓都得到实惠，过上“好日子”。

32. “两个中性”原则，对下一步改革和中美贸易谈判将产生深刻的影响

2018年12月到2019年7月，我对竞争中性和所有制中性

① 习近平2018年12月13日在十九届中央政治局第十一次集体学习时的讲话。

原则做了一些研究，逐步形成了两份材料：一份是《坚持基本经济制度，把握“两个中性”原则》，另一份是《两个中性原则的哲学思考》。

不久前，社会上出现了一些否定民营经济的言论，引起了民营企业家的疑虑，冲击了市场的信心和预期，幸好召开了民营企业座谈会。习近平总书记极其明确地肯定了坚持基本经济制度，坚持“两个毫不动摇”，强调了民营经济在我国经济社会发展中的地位和作用，指出民营企业家是自己人，并提出支持民营经济发展的重要政策措施，从而使民营经济走上了一条新时期振兴之路。

《坚持基本经济制度，把握“两个中性”原则》的主要内容：

一是把握竞争中性、所有制中性原则是改革再出发的重要课题；

二是为何要把握好竞争中性和所有制中性原则；

三是如何落实“两个中性”原则。

在此基础上，我又起草了《两个中性原则的哲学思考》，主要内容是：

第一，什么是“中性原则”？

中性是具有普遍性的事物特征，绝大部分社会事物不是由非黑即白、非此即彼的单纯对立两方面组成的，而是存在大量中间事物和中间地带，甚至这些事物才是构成社会事物的主体。因此，事物现存状态往往可以一分为三，所以有正、有反，也有中；有有益、有害，也有无害；有姓“资”、姓“社”，也有更多的既不姓“资”，也不姓

“社”。

第二，改革历史进程中“中性原则”起的作用。

长期以来，认为计划姓“社”、市场姓“资”，股份制也被认为姓“资”，其实是中性的，资本主义、社会主义都可以用。中性论突破了禁区，推动了改革。

第三，下一步改革离不开中性原则。

创造良好的营商环境、深化改革以及应对国际贸易纠纷都要落实中性原则。

中性原则被吸收到2019年国务院《政府工作报告》中。国务院副总理刘鹤同志和全国政协副主席何立峰同志都很重视，作了批示。刘鹤同志于2019年6月30日批示：“请易纲、文秀同志研阅。”

三 对年轻人的启示

1978年至今，改革开放已经走过40多年的光辉岁月，中国发生了翻天覆地的伟大变化，中国对外开放的成就有目共睹。40多年时间，已经足够两代人成年，对现在的年轻人，尤其是90后、00后来说，他们没有经历过物资极其匮乏的计划经济时代，没有经历过政治动荡的“反右运动”“文化大革命”等极“左”盛行的年代，甚至连反对精神污染这样的风雨都没吹到过。所以这一代的青年是幸福的，他们从一出生就生活在改革带来的红利之中，生活在社会主义市场经济带来的活力之中。但是，我的忧虑也正来源于此，我们的青年对极“左”、对思想的禁锢没有切肤之痛，而极“左”的思潮总是伺机而动，既得利益格局总是想限制人民的思想。中国的改革事业还任重道远，年轻人势必要挑起改革的重担。如果我们的年轻人对极“左”、对计划经济、对思想禁锢没有足够的警惕，甚至把这些拿来当作解决前进过程中遇到的问题的办法，那么中国的改革事业就会遭受重大的挫折甚至走回头路。因此，我们有必要告诫年轻的同志们，如何才能沿着正确的方向不断前进。

1. 要不断解放思想

解放思想贯穿中国40多年改革的进程。正如我在自序中就提到的，是因为解放思想，开展真理标准大讨论，才打破了“两个凡是”的思想禁锢，开启了改革开放的伟大征程。在前无古人、外无借鉴又担负着双重转型任务的改革摸索过程中，唯一可以依靠的，就是解放思想。思想不被束缚，才能不论姓“资”还是姓“社”，用“三个有利于”标准去吸收全世界的优秀文明成果。解放思想是我们改革前进过程中的一大法宝，它帮助我们克服了改革开放进程中遇到的重重困难。通过解放思想，我们实现国有企业的改革和转型，使国有企业成为合格的市场主体；通过解放思想，我们发展了民营经济，使民营企业成为市场经济的重要组成部分；通过解放思想，我们构建了劳动力市场、资本市场等一系列生产要素市场；通过解放思想，我们主动与世界接轨，加入了世界贸易组织，成为最大的外贸经济体。解放思想的另一层含义，是要思想创新。我们要时时刻刻根据实践的发展、根据时代的变化来更新我们的思想。一个思想认识，在它特定的时代，可能是比较解放的，但是在新的时代就可能是守旧的。比如我们在20世纪80年代初刚刚开启改革的时候讲“计划为主、市场为辅”，在计划经济一统天下的时候，这个提法打破了“一大二公”的局面，是解放思想的产物，但是如果到了20世纪90年代，在构建社会主义市场经济的大背景下强调“计划为主、市场为辅”，那显然是守旧和落后的。在国内外形势复杂多变和不确定性因素增多的情况下，增强独立思考的能力非常重要，努力做到不唯书、不唯上、不唯网。今天中国的改革开放事业仍面临诸多挑战，哪些过去的提法需要进一步革新？哪些思想认识需要进一步解放？这是时代交给年轻人的任务。

2. 要务实肯干

年轻人要挑起改革的重担，必须要有务实肯干的精神。孟子云：“舜发于畎亩之中，傅说举于版筑之间，胶鬲举于鱼盐之中，管夷吾举于士，孙叔敖举于海，百里奚举于市。故天将降大任于斯人也，必先苦其心志，劳其筋骨，饿其体肤，空乏其身，行拂乱其所为，所以动心忍性，曾益其所不能。”中国的改革任务，利益涉及面广，各地情况又纷繁复杂，任何一个行之有效的改革方案，既需要出台前细致、严密的调研，又要对相关理论进行孜孜不倦的研究，把理论和实际紧密结合起来，才能既有利于当前问题的解决，又有利于经济社会的长远发展。改革的方案制定以后，还需要分解、落实。比如中央全面深化改革领导小组成立后的第一次会议，就将十八届三中全会规定的改革任务分解为336项重要举措，逐一确定协调单位、牵头单位和参加单位。第二次会议又将当年要完成的80条重要改革予以重点督办并要求按时检验成果。这些仅仅是中央层面琐碎的工作，各级地方政府部门在推进和落实各项改革任务的进程中，既要对标中央的各项政策文件要求完成各项考核评估，又要上通下达，乃至延伸至千家万户之中，才能让改革的成效获得最可靠的信息。只有务实肯干，才能踏踏实实地完成各项改革工作任务；只有务实肯干，才能明明白白地说了解改革中的障碍；只有务实肯干，才能实事求是地解决改革中出现的问题。

3. 要重视基层经验

中国的改革事业之所以能够在前无古人、外无借鉴的环境当中取得这么伟大的成就，除了解放思想之外，最为重要的一条经验就是摸着石头过河，将基层探索作为顶层设计的重要实践基础，从而使得基层的有益探索能够及时上升为国家的政策。众所周知的农村家庭联产承包责任制就是安徽小岗村基层探索的成果。这一点在20世纪80年代的改革中表现得特别明显，体改委特别强调要总结基层经验，专门设立了试点司搞试点。中国经济体制改革研究会当时确立了一个规矩，经常要到基层搞调查研究，开年会最好在取得改革成功经验的地方。过去的成功都不是按照规划，而是源于群众的首创精神，经过改革实践、总结推广来的。中央只是在改革方案中提出一些原则，指出改革的基本方向，尊重群众的创造，允许群众创造，宽容改革失败，由下边试、下边闯、下边探索，这就是在改革初始阶段走出的一条路。实际上，真正影响很大的改革，都是人民群众自己创造出来的。十八届三中全会以来，各地涌现了一批优秀的基层经验，譬如浙江的“最多跑一次”改革，准确把握简政放权、强化监管、优化服务的辩证关系，以互联网信息技术为驱动，极大地方便了人民群众，并为地方政府全面提升治理能力提供了整体性的解决方案，成为向全国复制推广的改革经验和政府自身改革的目标模式。年轻一代要挑起改革的大梁，必须到基层去锻炼。只有经过基层的锻炼，才能够对中国的国情有深刻的认识。有一些改革措施，出发点是好的，但是到了基层就会变样，起了一些反作用，这就是不了解基层情况，只听汇报的结果。比如说减税，中央已经屡次宣示并采取措施要减税， 但是2018年上半年税收收入增长超过GDP增长速度近10个百分点， 这个数字到底说明了什么？必须要听取基层的意见，要做科学、全面的分析。因此，改革决策必须了解基层情况，听取基层反馈。对年轻人来说，到广阔的基层实践当中去，是增长本领、投身中国改革事业的最佳途径。

四 不忘改革初心，牢记改革使命

作为一名一辈子从事经济工作，已经到了耄耋之年的改革者，我见证了新中国成立70年来的伟大变迁。回首70年，我感到特别自豪的是，我亲身参与了这70年伟大历史变迁中最关键的改革环节，并用自己的努力推动了改革的前进和国家的进步。在国家的发展已经到了全面建成小康社会并即将迈入实现现代化的征程之际，中央提出“不忘初心、牢记使命”的思想教育主题。这个主题切入改革的场景，自然就得出“不忘改革初心，牢记改革使命”的命题，那么改革初心是什么？改革的使命是什么？我的理解，初心需要回答“改革的目的是什么”，用大白话说，改革就是为了使老百姓过好日子，要实现共同富裕。使命是什么呢？使命就是要建立有活力的社会主义市场经济体制。

1. 不忘改革初心

新中国成立以来，我们经过艰难探索，逐步明确了改革的目的到底是什么。改革开放之前，众所周知的原因，我国的经济没有发展起来，人民生活困苦。从1957年到1976年，全国职工在长达20年的时间里几乎没涨过工资。1957年，全国职工平均货币工资624元，1976年下降到575元，不进反退，还少了49元。在农村方面，以安徽农村为例，全省28万多支生产队，只有10%的生产队能维持温饱，67%的生产队人均年收入低于60元，40元以下的约占25%，很多农户真是家徒四壁。

1978年，邓小平在北方考察时说：“外国人议论中国人究竟能够忍耐多久，我们要注意这个话。我们要想一想，我们给人民究竟做了多少事情呢？”[①]“我们太穷了，太落后了，老实说对不起人民。”[②]“社会主义要表现出它的优越

① 中共中央文献研究室：《邓小平年谱（1975—1997）》上册，中央文献出版社，2004，第380页。

② 中共中央文献研究室：《邓小平年谱（1975—1997）》上册，中央文献出版社，2004，第381页。

性，哪能像现在这样，搞了20多年还这么穷，那要社会主义干什么？”[1] 正是有了要让人民过上好日子的初心，才有了改革开放、调整生产关系的决心。邓小平同志非常明确地指出：“正确的政治领导的成果，归根结底要表现在社会生产力的发展上，人民物质文化生活的改善上。”[2] 1978年5月开展的真理标准问题大讨论，从思想理论上否定了“两个凡是”，号召人们彻底打破思想枷锁，把实践作为检验真理的唯一标准。真理标准问题大讨论打破了教条式的理论禁锢，恢复了实事求是的马克思主义思想路线，成为开辟中国特色社会主义道路的奠基石。在“解放思想、实事求是”的思想基础上，1978年12月，党的十一届三中全会抛弃了“以阶级斗争为纲”，把党和国家工作中心转移到经济建设上来。

十一届三中全会之后，我国农业连续丰收，农民的生活迅速得以改善，实践成果对改革开放做出了最好的回应。农村经济的迅速好转、农村生活的改善，一方面使得对工业品的需求大幅度增加，迫切需要城市工业生产也同步改革；另一方面，城市居民对提高生产力、改善生活水平的愿望也越来越迫切。1984年出台的《中共中央关于经济体制改革的决定》标志着改革的全面铺开，提出：“改革的进行，只应该促进而绝不能损害社会的安定、生产的发展、人民生活的改善和国家财力的增强。社会主义的根本任务就是发展社会生产力，就是要使社会财富越来越多地涌现出来，不断地满足

① 中共中央文献研究室：《邓小平年谱（1975—1997）》上册，中央文献出版社，2004，第384页。

② 邓小平：《邓小平文选》第2卷，人民出版社，1994年，第231页。

人民日益增长的物质和文化需要。社会主义要消灭贫穷，不能把贫穷当作社会主义。”

2. 牢记改革使命

70年来我国所取得的建设成就，是通过艰苦努力才取得的。中国人民在共产党的领导下，披荆斩棘，不断进行艰难探索，才使中国从一穷二白跃居世界第二大经济体，大大提高了我国的国际地位。这70年之中的后40年，汲取了前30年的教训，对社会主义目的的领悟不断加深，验证了马克思主义否定之否定的规律，最终通过改革开放，走上了中国特色社会主义的现代化道路。

过去从“本本主义”出发，认为要建设社会主义就要消灭私有制，但没有想到消灭私有制的结果是越消灭老百姓越贫困，甚至以为贫穷就是社会主义。在这个过程中，社会主义的目的到底是什么，却不去多想。这70年来我们经过长期探索，领悟到社会主义的目的就是为了人民，为了改善人民的生活，为了让人民富起来，以达到共同富裕。70年来经历的主要事实和积累的经验表明，为了达到让人民共同富裕的目的，靠消灭私有制这种手段是行不通的。改革开放伊始，党中央就强调实践是检验真理的唯一标准，改革开放的实践证明，建设有活力的社会主义市场经济体制是我们实现改革初心的必由之路，是我们必须牢牢把握的改革使命。

建立和完善社会主义市场经济体制的改革使命本身是通过改革开放的实践一步步确立的。这一改革的使命是从实践得来的认识，又将指导我们的实践。这一点在市场的作用上得到充分的体现。1984年党的十二届三中全会提出了“社会主义商品经济”，其内涵是计划调节与市场调节相结合，在描述运行机制时谈到国家调控市场、市场引导企业。20世纪90年代初，改革一度出现了回潮，邓小平同志的南方谈话使改革回到了正确的航向。邓小平同志明确提出：“计划多一点还是市场多一点，不是社会主义与资本主义的本质区别。计划经济不等于社会主义，资本主义也有计划。市场经济不等于资本主义，社会主义也有市场。计划和市场都是经济手段。”①十四届三中全会提出“市场在国家调控下发挥基础性作用”，并在此基础上构建了社会主义市场经济的五大支柱。十六届三中全会确立了“更大程度地发挥市场在资源配置中的基础性作用”这一表述。党的十八大提出，更大程度、更广泛发挥市场在资源配置中的基础性作用。十八届三中全会通过了《中共中央关于全面深化改革若干重大问题的决定》（以下简称《决定》）这一影响深远的文件。《决定》历史性地提出，使市场在资源配置中起决定性作用。

在当前的工作中，牢记改革使命的突出重点是要构建市场机制有效、微观主体有活力、宏观调控有度的经济体制。要构建这样的经济体制，不仅仅在于经济体制，必须要有与现代市场经济体制相配套的立法、司法体制，行政执法和督查机制，以及舆论监督机制。否则就容易出现“一放就乱，一乱就管，一管就死，一死再放”的恶性循环，许多工作中出现的“一刀切”现象，实际上就是这种死循环的突出表

① 邓小平：《邓小平文选》第3卷，人民出版社，1993，第373页。

现。古人说，治大国如烹小鲜。要完成改革使命，就必须从共产党人的初心、改革的初心出发，有效遏制权力，既防止“缺位”，又避免“错位”和“越位”，尽量确保市场在一个可预期的稳定环境中发挥决定性作用。

3. 结语

党的十八届三中全会首次提出“以人为中心”的发展思想，强调把十几亿人民的幸福作为我们生产的目的和归属。我们要不断满足广大人民日益增长、不断升级和个性化的物质文化和生态环境需要。这种需要是动态的，今天是这样，明天则可能产生更高层次的需要。我们将长期处于社会主义初级阶段，初级阶段是几代人、十几代人、几十代人的事。因此，那些认为马上就要消灭私有制，过渡到共产主义的言论是极其荒谬的。

习近平总书记在党的十九大报告中强调，中国共产党人的初心和使命，就是为中国人民谋幸福，为中华民族谋复兴。我们要牢记初心和使命，不要去牢记从方法上怎样消灭私有制，这不是目的。如果是单一的公有制，能满足人民日益增长的物质文化需要吗？满足不了。所以多种所有制长期并存、共同发展是长期的基本经济制度，我们必须坚持下去，不要动不动就消灭私有制。我们不是消灭过吗？越消灭越贫困，这不是我们的目的，所以我们要不忘初心、牢记使命，目的就是这个——使人民过好日子。只有政府过“紧日子”，企业过“苦日子”，人民才能过“好日子”。所以我觉得，70年来我们最重要的探索就是进一步明确了这个目的。

贰

二十世纪五十年代：提出企业自治论

一 高度集中的计划经济体制的形成及其弊病

我国高度集中的计划经济体制是按照苏联模式于第一个五年计划期间（1953—1957年）逐步形成的。这种体制集中过多、统得过死的弊病逐步暴露出来。在所有制方面，形式过于简单，除了国有、集体所有制外，没有其他的所有制形式；在工业管理方面，中央工业部门直接管理企业的数量过多，中央直属企业由1953年的2800个增加到1957年的9300个；在财力支配方面，中央支配的比例偏高，地方和企业比例偏低，企业厂长的财权只有200～500元；在物资分配方面，由国家平衡分配的物资由1952年的55种增加到1957年的231种；在计划管理方面，直接计划的比重大大增加；在中央与地方，即“条条”与“块块”的关系上，过分强调“条条”的行政管理，割断了地区内不同部门、企业间的经济联系，造成了重复建设和大量浪费。

二 企业自治权的提出

1956年12月6日，《人民日报》发表了我的《企业要有一定的自治权》调研报告：

让企业有一定的自治权，以发挥企业的积极性和克服官僚主义，是当前迫切需要解决的一个严重问题。

厂里自主权过小，中央主管机关集权过多、过细，到底有什么弊端呢？

第一，给国家造成很大的人力、财力的浪费。由于中央主管机关管得太多、太细，企业的许多事情都要请示中央有关部门，即使是很小的事情，如盖一个厕所或买一架打字机也不例外。一般请示或要求上级解决问题的方式有：一是派专人来京；二是写公文；三是发电报；四是打电话。

先从企业派专人请示来看，以第一机械工业部为例，各企业派到北京来办事的人，每天有1000人以上。据1956年10月23日的统计，这一天住在部内招待所的企业人员达1444人。其中以西安仪表厂最多，有99人；洛阳拖拉机厂次之，有54人；一般企业派4人至8人最为普遍。据说在平时，招待所最多每天住1500多人，最少也有1200人以上。几乎每个企业都派有专人常驻北京。这些同志来到北京后，一般要经过好几“关”才能把事办完，最多的要经过“九关”，即局里“四关”（科员—科长—处长—局长），部里“五关”（科员—科长—处长—司长—部长）。他们普遍反映：来北京办事要比关云长“过五关”还难。据招待所的同志说：企业里的同志一般来北京后，最少要住上一两个星期，最多的达十个月。一位厂长说，厂里来北京办事的人都摸索到了一条“经验”，就是到北京下火车后，首要任务是买一张《北京日报》，先瞧哪里可以看戏，哪里可以玩，哪里有展览会。他们认为反正上面办事不会那么快，“看”“玩”几天，何乐而不为呢？

再从写公文、发电报、打电话来看，第一机械工业部（不包括局、院）每月收、发的公文达30000件以上，据统计，8月份共收发公文36006件，电报2042件。

中央对企业要的统计报表也太多、太细，例如企业的设备要逐台统计上报。因此不仅造成报表多，而且报上来就是一大本。仅第一机械部第二机器工业管理局1956年的统计报表就重达8吨。企业里的同志提出这样的一个疑问：报上来后，到底有人看吗？谁来看这些报表呢？

上面所举的例子只是可以直接看到的一些，而更严重的是：层层扩大了组织机构，增加了人员编制。由于企业的权限小，许多事情都要通过派专人、写公文、发电报，以及打电话等方式来请示解决。不管哪一种方式都需要人来做。例如，写公文就要拟稿、会稿、审核、打字和收发；派专人，一来就要几个人，厂长来了要带科长、工程师或科员。到北京后，就要有人招待，仅第一机械工业部的招待所就有150多个工作人员。总之，这些事不仅企业要有人办，而且局、部、委员会等中央机关也要相应地增加人员编制。于是就形成了"机构越整越大，人员编制越编越多"的现象。而且有效劳动很少，正像第一机器工业管理局的一位科长说："我们整天就为这些事跑腿、扯皮。"显然，如果企业有一定的自治权后，有些事情就可以不必派专人了，也不写公文、发电报和打电话了，厂里的人就可以减少，中央的机构和人员也可以大大地紧缩。

第二，限制了企业的积极性和主动性，潜力不能充分发挥。

拿财务管理来说，厂长只有五百元的机动权，超过了五百元就不能做主。企业的利润要全部上缴，不能留出一部分由企业自己支配。这就是说，职工利益跟企业的经营管理、降低成本及盈利的关系并不是十分密切，因此也不可能对它十分关心。如果规定企业利润留出一定的百分比给企业自己作扩大再生产和改善职工福利之用，这样就有一种物质力量促使职工人人都关心企业的经营管理，精打细算，降低成本，群众性的管理和监督就会很自然地实现。这对国家、对职工都有好处。

给企业一定的自治权，也就加重了企业的责任感，会促使企业更主动、更积极地设法解决工作中的问题。目前由于中央机构管理太多、太细，有些企业往往认为反正我们没有办法，困难问题只好提请上级解决，因而在一定程度上养成了依赖思想。

第三，助长了中央机关的官僚主义、文牍主义和事务主义。中央机关管得太多、太细，能否管好呢？事实证明，什么事都管，什么事也不容易管好，而且也管不了，反而滋长了官僚主义、文牍主义和事务主义。因为部长、主任、司长、局长等领导同志都很忙，如果走进他们的办公室就会确实感到他们是够忙的，电话铃不断地响，来人不断地找，公文电报很多，会议一个接一个地开着，他们很少有时间来考虑问题，而且许多事情也只有靠做具体工作的同志来管（如第一机械工业部基本建设计划是由该部基建司计划处管的，实际是处里一个人管一个局及其所属各厂的计划）。企业里的同志都怕这种“小二当家”的做法，认为这些同志对下面的意见往往不很好考虑。“小二”们也有苦恼，因为他们当不了家，常常说：“这只是我个人的意见。”有时候，局里的意见给部里否定了；部长同意了，管具体工作的同志不同意；部里的意见又给计委、经委否定了。因此，使企业觉得不好办事，不知听谁的好。

反过来看，如果中央机关多管一些原则性及较大的问题，一般性的问题让企业自己做主去解决，领导机关就不致陷于官僚主义、文牍主义和事务主义里了。

为改进上述情况，在国家统一计划下，下列几方面企业的权力是值得考虑和研究的：如在技术管理方面，让企业有权采用新技术，发展新品种，在一定范围内，企业的技术措施及增添新设备可由企业自己做主，不必经中央批准；在计划管理方面，让企业在保证完成年度计划下，有权修改季、月度计划，因时制宜地加以调剂平衡；在财务管理方面，让企业有一定的利润分配权，以提高职工的生活福利，鼓励职工的生产积极性；在人员组织管理方面，让企业有一定的权限招聘和使用人员，因地制宜地使用人员或设立必要的组织机构，中央可不做硬性的规定；在对外关系方面，让企业有权同外界建立协作关系，固定供销关系。这一点是非常重要的。如第一汽车制造厂不能同外界建立固定的供需关系，只能靠国家定期或临时平衡。因此这个厂需要的发动机钢被平衡到由重庆供应，每吨运费达68元，如果这个厂直接同本溪钢厂建立供需关系，每吨运费只需12元。

总之，让企业有一定的自治权，是精简国家机构、节约开支、提高企业积极性和克服官僚主义、文牍主义、事务主义的重要措施。

提出企业自治论时我只是20多岁的青年，为什么要写这篇报告？因为对当时的现象不解。我调查第一机械工业部招待所时，发现里面一天住了1400多人，他们来干什么？为什么要“跑部钱进”？企业没有计划任务时要到部里来要，企业没有煤电时来部里要，企业的利润由部里收走，企业不能自主经营、自负盈亏，因为企业的产供销、人财物的决定权都在计划体制的部门手里。一个很典型的例子：1956年的夏天，上海的天气异常热，企业为了不影响生产，向上级部门打报告申请购买鼓风机，报告通过七个部门的漫长审批，终于获得了批准，但这时夏天已经过去了。计划经济就是审批经济，没有经过审批，企业不能“越雷池一步”。

活生生的事实对我触动很大，引起我的思考，使我下决心写下了《企业要有一定的自治权》的调研报告，直陈：企业自治权过小、中央主管部门集权过多的弊病必须改变。这篇报告于1956年12月6日在《人民日报》发表时，还专门配了一幅漫画：一家企业为了买打字机，到北京来请示，部里的领导办公室的文件厚厚的一摞。

报告在《人民日报》发表，使我大受鼓舞。从此，我与改革结下了“前缘”。迄今已60多年。

三 批判和赞扬两重天

《人民日报》发表我的文章的同时，中央人民广播电台还做了转播。当时，我正陪同第一机械工业部副部长汪道涵同志在沈阳出差。早晨散步时，汪道涵同志扭头对我说："小高，你听，广播里有你的文章。"语气里分明是赞赏。

但是，"文化大革命"中那些"算账派"出来了，有的贴大字报批判我，有的在会议上指着我的鼻子说："企业怎么能有自治权，企业就是政府叫干什么就干什么，有了自治权变成了'南斯拉夫'，就变成'修正主义了'。"好在所在单位机构大、人多。"大目标"较多，5%的"右派指标"很快就摊派完了，我当时只有20多岁，只是个"小角色"，侥幸从这场风暴中脱身。

1988年，当我以体改委副主任的身份率团访美时，联合国开发计划署署长威廉·德雷普（William Draper）热情地告诉我，《企业要有一定的自治权》一文已被联合国翻译成英文，还加了序言，并由衷地称赞我："你不愧是中国前驱的经济改革家。"

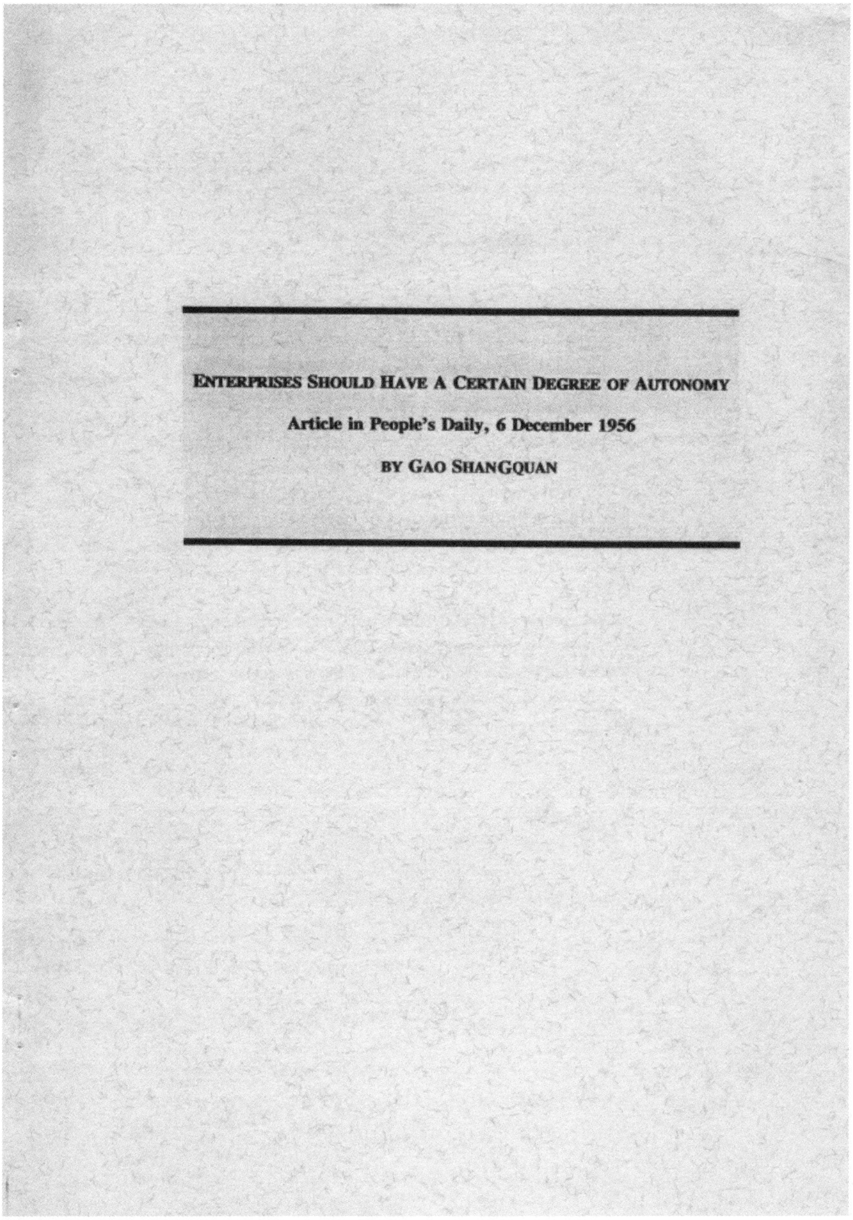

ENTERPRISES SHOULD HAVE A CERTAIN DEGREE OF AUTONOMY

Article in People's Daily, 6 December 1956

BY GAO SHANGQUAN

⮉ 《企业要有一定的自治权》联合国翻译稿（封面）

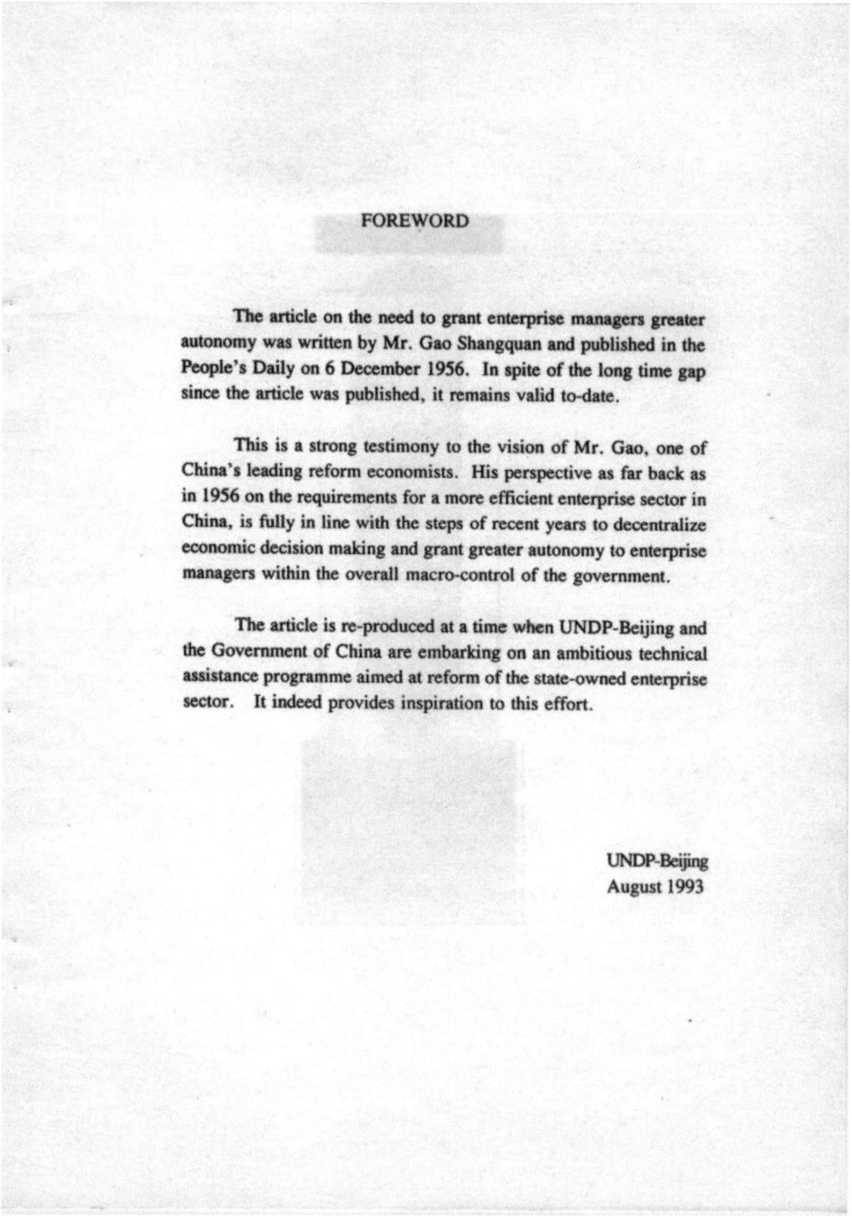

FOREWORD

The article on the need to grant enterprise managers greater autonomy was written by Mr. Gao Shangquan and published in the People's Daily on 6 December 1956. In spite of the long time gap since the article was published, it remains valid to-date.

This is a strong testimony to the vision of Mr. Gao, one of China's leading reform economists. His perspective as far back as in 1956 on the requirements for a more efficient enterprise sector in China, is fully in line with the steps of recent years to decentralize economic decision making and grant greater autonomy to enterprise managers within the overall macro-control of the government.

The article is re-produced at a time when UNDP-Beijing and the Government of China are embarking on an ambitious technical assistance programme aimed at reform of the state-owned enterprise sector. It indeed provides inspiration to this effort.

UNDP-Beijing
August 1993

《企业要有一定的自治权》联合国翻译稿（序言）

ENTERPRISES SHOULD HAVE A CERTAIN DEGREE OF AUTONOMY

By Gao Shangquan

A serious current issue which should be addressed urgently is granting enterprises a certain degree of autonomy so as to stimulate their initiative and overcome bureaucracy.

What are the disadvantages of over-centralization in the management system of the line authorities in the Central Government while factories have too little autonomy?

First, it brings huge waste of manpower and financial resources. Due to the over-centralized management of the line authorities in the Central Government, even practical problems at the enterprises level, such as the construction of a toilet or the purchase of a typewriter, must be submitted to related departments of the Government for consideration and approval. Generally speaking, such requests to higher authorities can take the following forms: 1) send people to Beijing; 2) send official letters; 3) send telegrams; 4) make telephone calls.

Let us first examine the sending of people to Beijing for such requests. Take the No. 1 Ministry of Machine Building Industry for example. Every day, there are well over 1,000 people sent by the enterprises who are waiting at the Ministry in Beijing for such purposes. According to the statistics of 23 October 1956, there were 1444 people from various enterprises living in the reception house of the Ministry, among which 99 were from the Xian Meters and Instrument Factory, and 54 were from Luoyang Tractor Plant. It is most common for an enterprise to send 4 to 8 people. I was told that the reception house could receive over 1,500 people. Nearly every enterprise has its special representative resident in Beijing. Such comrades after their arrival in Beijing must go through many "passes" before fulfilling their business. Sometimes they have to go through nine passes, i.e. four in the department (staff -- Section

1

《企业要有一定的自治权》联合国翻译稿（节选）

叁

二十世纪八十年代：探索从计划经济转向市场经济

一 商品经济的提出是经济体制改革的关键性突破

1978年12月18日，党的十一届三中全会召开，开启了我国的改革进程。1982年9月，党的十二大明确提出了系统地进行经济体制改革的任务，并且指出这是坚持社会主义道路、实现社会主义现代化的重要保证。党的十二大报告提出，允许对部分产品的生产和流通不做计划，由市场来调节，是从属的、次要的，但又是必须的、有益的。在计划管理上，也根据需要采取指令性计划和指导性计划两种不同的形式。虽然党的十二大报告的提法仍然是以计划经济为主，市场只是作为补充，但这是第一次在党的文件中提到“市场”，第一次提出了指令性计划和指导性计划的划分，由此撕开了传统计划体制的口子，为下一步突破奠定了基础。随后，城市经济体制改革的步伐开始加快，尤其是1984年以后，随着国民经济形势的进一步好转，经济工作的中心逐步由调整转向改革，改革的重点也逐步由农村转向城市。党中央和国务院针对改革的进程作出了一系列重要决策和指示，以城市为重点的整个经济体制改革步伐进一步加快，改革范围进一步扩大，整个改革形势酝酿着一次战略性的突破。

1984年4月27日，中央指定在体改委的我和杨启先同志、顾家麒同志参加十二届三中全会文件起草小组。4月30日，起草小组成员到玉泉山5号楼集中，召开了一次会议，对文件的起草进行研究和酝酿。5月10日，国务院领导主持会议，讨论文件的起草思路，要求在半年内提出城市经济体制改革的方案。6月9日，胡耀邦同志主持会议，讨论文件中加快改革的一些意见。由胡启立同志重点汇报，胡启立同志说，十一届三中全会打开了农村改革的新局面，十二届三中全会若能在城市改革方面打开新局面，再用五年、七年或更长一点的时间，使城市经济改革有一个重大突破，这将是一个了不起的成绩。这个决定不是拿出一个完整的蓝图，而是既要总结过去改革行之有效的经验，又要指明今后改革的方向、路子，同时给予必要的思想理论上的解释。胡耀邦同志、万里同志、田纪云同志也都先后发表意见。

此后，中央又找了有关省市和部门领导进行了座谈和讨论。

在起草《中共中央关于经济体制改革的决定》（以下简称《决定》）第五稿的时候，7月30日，胡耀邦同志主持中央书记处会议，传达了邓小平同志的意见："最理想的方案是通过一个改革的文件。十一届三中全会无论在政治上、经济上都起了很好的作用，这次三中全会能否搞一个改革文件？这个文件将对全党起巨大的鼓舞作用。就搞这个文件，别的就不搞了。"会议决定，成立由胡耀邦等同志组成的文件起草领导小组，进一步调整和充实了文件起草小组的力量。第五稿下发中央各个部门、各个省区市征求意见，各个部门和地方都认真进行了讨论，并提出了修改意见。比如说，体改委提出，文件在讲到过去的经济模式时，必须明确它是限制商品经济发展、排斥价值规律的。在讲到改革要建立新的模式时，应当明确提出我们的经济是社会主义商品经济，是建立在公有制基础上的有计划的商品经济。

在修改文件的过程中，争论比较激烈的问题，就是在文件中提不提商品经济。有人认为，不能提。社会主义是计划经济，怎么提商品经济呀？如果提商品经济，不是搞资本主义了吗？我认为，应当提商品经济。我说，根据我的调查，哪个地方经济搞得活，老百姓比较富裕，就是因为那个地方搞了商品经济。广东人爱吃鱼，可是搞计划经济没有鱼吃了，因为价格管死了。后来，价格逐步放开，养鱼的人有积极性了，市场上鱼就多了，多了以后价格也下降了，老百姓就有鱼吃了。所以，搞商品经济没有错。原来有一句话“只有社会主义才能救中国”，现在应当加上一句“只有商品经济才能富中国”。然而，我的观点在起草小组中未通过。我的影响力不够，因为反对者的职位都比我高，我当时是以体改所所长的身份参加的。没有办法，我就跟童大林同志商量，我说：“这个问题有争论，我希望以体改研究会的名义开一个研讨会，讨论商品经济问题。”安志文同志、童大林同志都很赞成。

8月底，我们请了将近20人在西苑旅社开了一个研讨会，董辅礽、蒋一苇等同志都参加了。我先介绍了一下情况。我说：“对于要不要提商品经济，现在有不同意见。这个问题要突破，希望大家讨论一下。”会上，大家的意见很一致，都是赞成的，认为商品经济是社会主义必须经历的一个阶段。同时，我们还讨论了“计划经济为主，市场调节为辅”的问题，这是党的十二大提出来的。为什么提出“为主为辅”问题？因为计划经济是体制问题，市场调节是手段问题，这个提法不对称，不应该这么提。

9月7日，我把研讨会的意见报上去了，并向中央提出对经济体制改革几个理论问题的看法。我的主要观点是当前的经济体制改革要在理论上有一个关键性的突破，要明确提出“社会主义商品经济”的概念。现在，明确提出这个问题的条件已经成熟了。国务院领导批示：“请起草小组参考。”他又说：“马洪同志也有这个意见。”我后来才知道，在我提交这个意见之前，马洪同志提交了《关于社会主义体制改革下我国商品经济的再探索》的报告。他提出：承认社会主义经济是有计划的商品经济，是进行经济体制改革，实行对内搞活、对外开放方针的理论根据。他建议，把这一提法写进即将召开的十二届三中全会的经济体制改革决定中去。

9月9日，国务院领导给中央常委写信，提出了经济体制改革中三个问题的意见：一是计划体制问题。社会主义经济是以公有制为基础的有计划的商品经济。二是价格改革问题。国家定价的范围逐步缩小，放开的比重逐步扩大；国家规定的价格，通过调整，逐步向市场价格靠拢。三是国家领导经济的职能问题。近期改革的主要内容是政企分开，各级政府都要逐步简政放权，减少对企业的干预，学会用经济手段来进行宏观控制。邓小平同志、陈云同志表示完全同意。所以，这封信起了关键作用。最后在《决定》中写上了“商品经济”，“计划经济为主，市场调节为辅”也就不提了。

实际上，在经济改革的决策过程中，始终存在计划与市场的争论。为什么呢？因为传统观念认为，计划是社会主义，市场是资本主义。在国际上，这也是一个长期争论的问题，只是在我们中国更为突出。1984年，中央的改革文件《决定》把“商品经济”的概念提出来，是采取一种迂回的办法，为“商品经济”正名。1984年10月20日，就在《决定》通过的当天，邓小平同志说：“我的印象是写出了一个政治经济学的初稿，是马克思主义的基本原理和中国社会主义实践相结合的政治经济学。我有这么一个评价。这次经济改革的文件好，就是解释了什么是社会主义，有些是我们老祖宗没有说过的话，有些新话。我看清楚了，过去我们不可能写出这样的文件。写出来，也不容易通过，会被看作‘异端’，现在用自己的实践回答了新情况下出现的新问题。”①

在当时历史条件下，在党的文件中写上“商品经济”是不容易的。但是，中国的经济改革不是一步到位的，而是渐进的、逐步突破的。“有计划的商品经济”，虽然是个新提法，但问题还没有解决。《决定》同时还说，商品经济与计划经济不是对立的。计划经济的概念没有解决。《决定》里面除了“有计划”三个字的限制以外，还有劳动力不是商品，矿山等不是商品。这是胡乔木同志加上去的。当时，胡乔木同志正在天津，起草小组派我到天津征求他的意见，他提出要限制什么不是商品。同时，人们对“有计划的商品经济”的理解也不同，有人在“有计划”上做文章，认为“有计划的商品经济”还是计划经济。而我们则认为，重点应当

① 邓小平：《邓小平文选》第3卷，人民出版社，1993，第83页。

放在“商品经济”上。商品经济就是要通过商品来交换，要等价交换，要遵守价值规律。所以，争论并没有停止。

二 把改革放在首位的中央“七五”建议

1985年，中央第七个五年计划建议的起草工作，是在中央主要领导同志直接领导下进行的。1985年3月初，中央文件起草小组成立。参加起草小组的成员有：房维中、袁木、王忍之、桂世镛、高尚全、李伯溪、魏礼群、郑洪庆、陈吉元、宫著铭、王积业、刘洪、张光瑞。4月29日、4月30日和5月2日、5月23日，国务院领导到玉泉山听取了我们起草小组的汇报。6月8日，胡耀邦同志主持会议，听取了我们起草小组的汇报。

在起草《中共中央关于制定国民经济和社会发展第七个五年计划的建议》（以下简称《建议》）时，中央下了决心，强调要“把改革放在首位”。提出三个目标：第一，通过第七个五年计划或者更长一点的时间建立新体制的基础；第二，要为改革创造良好的环境；第三，“七五”期间要提高人民的生活水平。实际上，《建议》也就是改革的建议。在1984年《中共中央关于经济体制改革的决定》的基础上，《建议》又有突破，就是把改革的目标提出来了，要在“七五”计划期间或者用更长时间建立充满生机和活力的新体制的基础。同时提出，整个“七五”期间把改革放在首位。根据这个指导思想，8月13日，我们起草小组完成第六稿，共八个部分，七十一条，增加了基本指导原则，首先突出了把改革放在首位，使改革和建设互相适应，互相促进。

8月20日下午，在中南海怀仁堂举行的中央政治局扩大会议，由胡耀邦同志主持，我列席了这次会议。根据我的回忆，时任中央领导先讲了三条意见：第一，这个文件是制定“七五”计划的建议，而不是计划本身，是中央的建议。因此，涉及的是重大的指导思想、重大的战略、重要的方针和政策。第二，在讨论中，很多同志提出形势怎么估计？应当如实地估计形势，并且要留有余地。最近，胡耀邦同志在中央党校讲了话，认为形势是我们制定政策的依据，估计高了不好，但估计不足也不好，还是要如实地反映。第三，突出改革，这是根据邓小平同志一系列指示提出来的。改革五年不可能完成，但能大体形成新体制的雏形。会上，姚依林、李先念、王震、彭真、习仲勋同志发了言。胡耀邦同志说，文件原则通过，拿到下面去讨论。

8月30日，中央办公厅向各省、自治区、直辖市党委、中央直属机关、中央国家机关党委、解放军总政治部发出通知：《中共中央关于制定国民经济和社会发展第七个五年计划的建议》（8月20日稿）已经中央政治局原则同意，拟报请四中全会、党代表会议审议通过。现将这个《建议》（稿）发给你们，请分送给党代表会议代表征求意见，组织讨论，于9月10日前将修改本退中央办公厅。

在这个过程中，体改委和中国社科院组织召开宏观经济管理国际讨论会。8月31日，时任中央领导在中南海紫光阁会见了宏观经济管理国际讨论会的中外代表，并发表了即席讲话。讲话中说，城市经济改革的任务相当艰巨，企业经营权扩大之后，宏观管理如何与之相适应还需要认真研究和解决。中国现阶段的社会主义经济，是公有制基础上的有计划的商品经济。因此，在增强企业活力的时候，要逐步建立一个完善的市场体系，包括商品市场、金融市场、劳务市场等。国家对企业的管理要逐步由直接管理为主转变为间接管理为主，运用经济和法律手段以及必要的行政手段来调节和控制宏观经济运行，以便更好地促进社会生产力的发展。

9月2日到9月7日，宏观经济管理国际讨论会在重庆开往武汉的“巴山号”游轮上举行。9月10日，以安志文同志的名义向时任中央领导提交了《宏观经济管理国际讨论会对我国改革有参考价值的几点意见》的报告。

在修改《建议》的文件时，我们特别注意吸收了巴山轮会议的讨论成果。文件中写道：“建立新型的社会主义经济体制，主要是抓好互相联系的三个方面：第一，进一步增强企业特别是全民所有制大中型企业的活力，使它们真正成为相对独立的，自主经营、自负盈亏的社会主义商品生产者和经营者；第二，进一步发展社会主义的有计划的商品市场，逐步完善市场体系；第三，国家对企业的管理逐步由直接控制为主转向间接控制为主，主要运用经济手段和法律手段，并采取必要的行政手段，来控制和调节经济运行。要围绕这三个方面，配套地搞好计划体制、价格体系、财政体制、金融体制和劳动工资制度等方面的改革，以形成一整套把计划和市场、微观搞活和宏观控制有机地结合起来的机制和手段。”

此次文件明确提出要由直接调控为主转向间接调控为主，这不仅是宏观管理方式的转变，而且触及经济体制模式的根本转变。实行间接调控为主，势必要求建立新的宏观调控体系，建立灵活的市场调节机制，以及培育适应市场供求变化的微观主体。这对1984年《中共中央关于经济体制改革的决定》来说是一个进步。同时，这一思路的形成，为后来党的十三大提出“国家调节市场，市场引导企业”的新体制框架奠定了重要基础。

“七五”期间，是我国深化改革的关键时期。党中央、国务院提出，争取在五年或者更长的时间内基本奠定具有中国特色的、充满生机和活力的社会主义经济体制的基础。要完成这个任务，必须进行综合配套改革。这是我国改革历史上的第一次尝试。

三 巴山轮会议明确了宏观管理的基本任务

1985年9月2日至7日，经国务院批准，由体改委和中国社会科学院主办，以中国经济体制改革研究会、中国社会科学院、世界银行三家机构的名义联合举办的宏观经济管理国际讨论会，在重庆开往武汉的“巴山号”游轮上召开，简称“巴山轮会议”。这次会议，一些国外经济学家提出了不少好的意见，对我国改革和发展有借鉴的意义。

在“巴山号”游轮上召开的宏观经济管理国际讨论会，有60余位中外著名经济学家和官员参加，他们是美国耶鲁大学经济学教授、1981年度诺贝尔经济学奖得主詹姆斯·托宾（James Tobin），英国剑桥大学教授、格拉斯哥大学名誉校长阿莱克·凯恩克劳斯（Alec Cairncross），联邦德国证券抵押银行理事长奥特玛·埃明格尔（Otmar Emminger），匈牙利科学院经济研究所研究部主任亚诺什·科尔奈（Janos Kornai），英国牛津大学安东尼学院高级研究员弗拉基米尔·布鲁斯（Wlodzimierz Brus），南斯拉夫政府经济改革执行委员会委员、斯洛文尼亚艺术与科学院通讯院士亚历山大·巴依特（Aleksander Bajt），美国波士顿大学经济学教授、韩国财政体制改革委员会顾问里罗尔·琼斯（Leroy Jones），法国保险总公司董事长、里昂信贷银行董事米歇尔·阿尔伯特（Michel Albert），日本兴业银行董事、调查部部长小林实，等等。参会人员还有世界银行驻北京代表处主任林重庚、世界银行官员亚德里安·伍德（Adrian Wood），中方体改委党组书记安志文、国务院经济研究中心总干事薛暮桥、国务院技术经济研究中心总干事马洪、中国社会科学院副院长刘国光、体改委副主任童大林和高尚全，以及杨启先、洪虎、项怀诚、郭树清、楼继伟、吴敬琏、赵人伟、张卓元、周叔莲、陈吉元、戴园晨、宫著铭、王琢、田源、吴凯泰、李克穆、李振宁等。这次会议的具体组织者是时任体改委副主任高尚全和世界银行驻北京代表处主任林重庚。

1985年8月31日，国务院领导在中南海会见了将要上船的外国经济学家，中方参加的有安志文、薛暮桥、马洪、童大林、高尚全、刘国光等。国务院领导重申中国经济改革的方向与目标是坚定不移的，而对于改革步骤则要慎重和稳妥。国务院领导说，城市经济改革的任务相当艰巨，企业经营权扩大之后，宏观管理如何与之相适应还需要认真研究和解决。中国现阶段的社会主义经济，是公有制基础上的有计划的商品经济。因此，在增强企业活力的时候，要逐步建立一个完善的市场体系，包括商品市场、金融市场、劳务市场等。国家对企业的管理要逐步由直接管理为主转变为间接管理为主，运用经济和法律手段以及必要的行政手段来调节和控制宏观经济运行，以便更好地促进社会生产力的发展。

外国专家和学者们，结合东西方各国宏观经济管理正、反两方面的经验，对我国的经济体制改革发表了各自的看法。

巴山轮会议全体参会人员合影（前排右一为高尚全）

在巴山轮会议期间，高尚全与美国耶鲁大学经济学教授、诺贝尔经济学奖获得者托宾合影

（一）关于经济体制改革的长期目标

专家们认为，经济体制改革必须有一个明确的中长期目标和比较具体的近期措施。对于改革的中长期目标，匈牙利著名经济学家科尔奈认为，当今世界各国的宏观经济管理模式，基本上分为两大类：一类是通过行政手段协调，另一类是通过市场机制协调。在前一类中，又可分为直接行政手段协调和间接行政手段协调；在后一类中又可分为完全非控制的市场机制协调和宏观控制下的市场机制协调。第一类行政手段协调的特点是，企业与国家之间存在着从属关系，经济活动主要依靠纵向的信息流和集中化的决策进行协调。第二类市场机制协调的特点是，企业与国家之间不存在从属关系，经济活动主要依靠横向的信息流和非集中化的决策进行协调。

社会主义国家经济改革的目标模式，主要指对国有企业的管理。科尔奈认为可以选择间接行政手段协调，也可以选择宏观控制下的市场机制协调。这两种模式都要求基本取消指令性实物计划指标，企业的经济活动主要是由国家通过经济手段进行控制。两者的主要区别是，宏观控制下的市场机制协调是由国家通过制定统一的、稳定的经济调控措施和经济法规对企业进行管理；企业必须依法办事，不再依赖于纵向的行政保护和照顾。间接行政手段协调，虽然国家也规定了一些经济调控措施和经济法规，但通常都不是很有效，企业最终还可以通过各种渠道，向国家纵向管理机构讨价还价，企业的盛衰与存亡仍然依赖于纵向的行政保护与照顾。匈牙利的改革之所以没有取得预期的成效，主要是在选择两种目标模式之间长期处于两难境地，企业同国家之间继续处于讨价还价的“软预算约束”状态。因此，改革者可以在两种模式中选择其一。他倾向于第二种模式，但认为必须相应创造出三个方面的条件。一是果断地进行价格改革，以保证价格比价的正确。二是严格地执行各种经济法规，使企业必须承担最后的经济责任。三是逐步开放资金市场，作为经济活动的中介环节。科尔奈认为，由于社会主义构建的性质、所有制结构、分配制度、计划的作用以及社会道德标准和资本主义都不同，采用这种模式与西方的市场经济，在本质上是有区别的。

美国的琼斯教授则认为，在发展中国家，由于市场不发达、不完善，作用有限，单纯用行政手段调节或市场机制调节，都可能失败。中国应选择一个二者相结合的模式，根据不同情况区别对待。在市场处于完全竞争的领域，政府就不必进行行政干预；如果市场竞争还是潜在的，政府就应采取措施促进竞争；在还没有竞争的条件下，政府就应有选择地进行行政干预。波兰籍经济专家布鲁斯也说，经济体制改革的目标，关键是要为市场机制发挥作用创造充分的条件，但市场不是万能的，要克服市场失灵，计划还有其必要的指导作用。

关于改革的方法和步骤，外国专家和学者们认为，中国的经济管理体制，就对国有企业来说，现在还处在从直接行政手段协调向间接行政手段协调过渡的阶段。如果要达到宏观控制下的市场机制协调模式，还需要有一个长期的过程。改革的方法，首先是要尽可能采取间接的行政手段，如金融货币、财政税收等，对经济进行控制和调节，在必要时辅之以直接的行政手段调节。对改革的步骤，在讨论中有不同的看法。布鲁斯主张，要从中国的现状出发，分阶段向最终目标过渡，在不同时期对不同的经济部门可以用不同的办法管理，有的用新办法，有的暂时用老办法。科尔奈教授认为，对改革的步骤问题不能简单化，有的领域如所有制结构的调整，在公有制为主的条件下，实行所有制的多样化，鼓励发展跨行业、跨地区的联合所有制和不同经济成分组成的股份制等，要分步进行。有些领域的改革，如改革计划体制、价格体系、工资制度和金融体制等，应该是一揽子同时进行。英国经济专家凯恩克劳斯则认为，改革要一揽子同时进行，必须是在总供给和总需求比较平衡的情况下才有可能。但进行改革的国家，往往开始时都不具备这样的条件，因此改革应当一步一步走，采取渐进的逐步过渡的办法。英国在第二次世界大战后，从统制经济过渡到从宏观控制需求的经济体制，大概花了九年的时间，其中对外汇的控制一直延续到1979年才取消。

在当前中国经济需求膨胀的情况下，对经济管理采取一些直接行政手段控制是需要的，如对信贷规定限额、控制工资的增长幅度、控制外汇的使用等。但是应当看到，这样做也存在某种实际的危险，即容易把这种临时性解决问题的措施，变为永久性的管理办法，回到权力过分集中的体制，脱离改革的正确方向和目标。

（二）关于宏观经济间接管理的主要调控手段

与会专家、学者一致认为，要实现宏观控制下的市场机制协调模式，国家对企业微观经济活动的直接控制必须放开。与此同时，必须加强宏观经济的间接控制，其核心是要有效控制总需求的合理增长，相应地建立和完善各种间接管理的调控手段。归纳会议讨论的意见，主要是要改革和完善金融货币、财政税收、收入分配、国际收支、规划与计划等方面的体制。

1. 金融货币

专家们一致强调，完善金融货币制度，在宏观经济间接管理的调控手段中具有关键的作用。为了充分发挥金融货币手段的应有作用：

第一，要建立广义的货币总量指标或基础货币指标，作为控制总需求的重要手段。

第二，要健全与改进准备金的制度。

第三，要充分发挥利率的调节作用。

第四，要建立完善的银行体制。中国的中央银行要独立于政府之外，这是不可想象的，但保持一个强有力的中央银行是必要的。不能将中国人民银行变成计划、财政部门的货币管理单位和出纳机构。同时，要逐步建立一个在中央银行控制下的、由各种专业银行和地方银行等多种银行形式组成的银行体系。对中央银行以外的其他各种银行，要逐步实行企业化，并通过它们的竞争来更好地发挥金融手段的作用。

2. 财政税收

专家们认为，预算是宏观控制的有力手段。财政政策对经济的影响主要是直接影响，即政府依靠银行贷款弥补财政赤字。政府的财政政策，可以是紧缩的，即增加税收、减少支出；可以是扩张性的，即增加支出、减少税收；也可以是中性的，即通过发行公债来解决政府财政赤字。财政政策与货币政策存在密切的关系，必须结合使用。与会专家一致强调，在任何情况下，财政赤字都不能转嫁给银行，不能靠印钞票弥补，应该主要通过发行债券解决。

3. 收入分配

与会专家、学者一致指出，工资增长过快，消费需求过度膨胀，是导致当前西方发达国家和部分东欧国家经济困难和通货膨胀的一个重要原因。西方国家一般采用的工资增长率由通货膨胀率和劳动生产率的增长幅度确定，现在证明这不是一种好办法。因为通货膨胀率和劳动生产率的增长都很难事先准确预计，工资增长率以此为基础，实际是为未来的通货膨胀率打下了基础，必然造成工资增长与通货膨胀螺旋式上升的局面。这种教训，在中国经济改革中制定收入分配政策时，应当引起足够的重视。

4. 国际收支

布鲁斯提出，控制对外经济关系、控制投资与控制收入分配，是进行国家经济计划管理的三个不可缺少的因素。控制对外经济关系，不是要垄断对外贸易，而是要使国家保持应有的支付能力，以利于在经过评价和过滤后，有选择地把国外的先进管理经验引进来，为我所用。

专家们认为，为了保持国内经济增长、维持就业和供给与需要的平衡，可以有计划地对外借款，也可以在外贸经常账户上保持合理的逆差。因为利用外资来保持一定的投资水平和利用外资来保持较好的生活水平，两者的性质是不一样的。但必须充分重视外汇使用的效益，以保证今后有偿债的能力。

5. 规划与计划

法国经济专家阿尔伯特提出，实行宏观控制下的市场机制协调，除了需要很好地运用上面几种调节手段以外，如何运用好规划与计划手段，也是一个重要方面。特别是在新兴工业化国家，运用计划来减少“不确定因素”和对市场进行综合性研究，促进技术革新和产业结构调整，有不可忽视的作用。

但是，计划有两种。一种是与市场相对立的计划，这种计划是指令性的，是经济集中化的手段；另一种是市场中的计划，是非指令性的，是经济非集中化的手段。正确的做法，应该是把上述两种方法结合起来。中国的某些经济活动，如对基础设施、交通运输、能源工业和新兴产业的发展等，国家还应当控制和承担责任。这样，才能使产业结构的变化适应国际国内市场竞争的需要。但这些企业的生产经营，必须由企业自己进行非集中化的决策。凯恩克劳斯则认为，指令性计划对解决短期短缺是有效的，但如果不平衡是长期的，还是应该通过调整价格或税收来解决。如果指令性计划用得不当，有可能打击生产的积极性，导致生产恶性循环。对于经济活动的指导，只能主要靠协议、说服和磋商，依靠极权式计划的粗暴强迫是不可取的。

（三）关于实行宏观经济间接控制的必要条件

与会专家和学者指出，宏观经济间接控制的影响作用，在很大程度上取决于微观经济单位的反应。在实行间接控制的情况下，如果企业对利率、税率、汇率、工资、价格等不能做出灵敏的反应，宏观经济的间接控制手段就起不到多大作用了。因此，必须下决心创造能够促使企业对宏观经济间接控制手段做出灵敏反应的各种外部和内部条件。

1. 要建立比较完善的市场体系

与会专家、学者一致认为，实行宏观经济的间接管理，必须有比较完善的市场条件，特别是要建立健全商品市场与资金市场。

要全面开放商品市场，包括消费品市场和生产资料市场。开放商品市场，并不等于政府什么都不管，政府还要运用各种间接经济手段，通过市场机制的作用，来影响和引导企业的经济活动。然而，政府所采取的措施，必须有利于市场竞争。布鲁斯认为，南斯拉夫经济中出现的严重困难，在某种程度上就是由于全国八个行政地区各自为政，相互分割封锁，没有一个统一的市场。

与会专家普遍认为，开放商品市场，必须同时开放要素市场。没有一个正常的要素市场，特别是金融市场，就不可能有一个正常的商品市场。目前，中国必须建立发达的银行体系，此外，虽然建立股票市场可能还不到时候，但建立债券市场的时机已经成熟了，应该在开放商品市场的同时，逐步发展债券市场。托宾则认为，中国不仅可以开放债券市场，还可以考虑开放股票市场。

布鲁斯还指出，中国在相当程度上没有劳动力市场，这影响着对未来改革目标的考虑。苏联在劳动力的流动方面，比中国灵活一些。这个问题值得中国考虑。

2. 要积极果断地进行价格改革

多数专家认为，要建立完善的商品市场，必须放开商品价格，改变价格扭曲的状况。为此，必须把结构性物价调整引起的价格上升与通货膨胀加以区别。只要合理控制货币供应总量，把实物产品的价格放开，就不会引起价格的全面上涨。控制价格，关键是要控制三种战略性价格，即资金价格（利率）、劳动价格（工资）和外汇价格（汇率），而不是控制实物产品的价格。世界银行的经济专家林重庚指出，在当前经济增长率较高的情况下，中国应当抓紧时机，果断地改革物价，核心是改变用行政手段来确定价格的办法。用行政手段来调整价格体系，不仅需时甚长，而且很难达到应有的效果。

对于中国和其他社会主义国家中存在的一种商品两种价格的状况，会上有两种不同的评价：科尔奈认为，商品价格是相互依赖的，一个环节不合理，很快会传到其他环节，一部分市场价格，一部分行政价格，价格不可能发出准确的信号，很难解决企业“软预算”的问题。而布鲁斯则认为，中国对生产资料实行“双轨制”价格，可能是一种有用的发明。因为其他社会主义国家还只有消费品的两种价格，没有实行过生产资料的两种价格。这种办法，有利于从一种价格体系过渡到另一种价格体系，成为由行政官员直接定价平稳地过渡到市场定价的一道桥梁。但应当意识到，它不是尽善尽美的。最重要的是，实行“双轨制”价格的时间，无论如何不能太长。

3. 要实行多样化的所有制形式和经营方式

布鲁斯提出，社会主义国家的公有制企业对经济发展能起重要的作用，这是应当肯定的，但也应当看到，在社会主义条件下，也有使所有制形式多样化的必要性。因为至今还很难证明，一种所有制形式对另一种所有制形式有绝对的优越性。

所有制形式的多样化，应当既包括国有经济，也包括集体经济和个体经济。很重要的一点，是要给集体经济以充分的社会主义性质和地位。对于国有企业的经营管理方式，既可以采用传统的形式，也可以有新的形式，如实行联合经营和股份制等，会更有利于经济发展。

4. 要给企业以必要的独立性

与会专家们提出，国有企业也可以有比较高的效益，必需的条件：一是要赋予企业以必要的独立决策权。企业不但要有日常经营活动的决策权，而且要有必要的投资决策权。二是要使企业有一个公平的竞争环境。企业不仅要在国内同一行业内互相开展竞争，取消垄断，而且在可能条件下要与国际竞争。尽可能避免不必要的行政干预和保护，不使任何一个竞争者受到特殊照顾。企业长期经营不善，应予以改组或倒闭。补贴不仅对国有企业，而且对私营企业，都只能是“安眠药”，而不是“补药”。财政部完全可以把这种钱节省下来。三是要把国有企业置于公众监督之下，使企业不致因自己的利益而损害国家、社会和消费者的利益。

与此同时，要改变政府机构管理企业的职能和办法。政府机构对企业的管理可以参照跨国公司的经验，主要是：（1）任命总经理；（2）下达明确的目标；（3）监督企业的经营活动；（4）行使奖惩制度；（5）提供必要的资金和作出投资决策；（6）作出长期的协调计划。除此之外，其他什么都不管，让企业自行决定。对国有企业，可以实行董事会制度。董事会应由代表国家利益、职工利益和消费者利益三方面的人士组成，其中代表国家利益的人应占多数。为使管理者的行为符合全局的利益，他们的工资、奖金应当由国家决策。经营不好的管理者应随时予以撤换。

5. 要建立健全经济信息与经济监督系统

与会专家普遍认为，要管好中国这样一个庞大的开放经济体，建立一个完善的信息系统是刻不容缓的任务。托宾说，1972年他访华时就曾经做过这样的建议，今天他还要再一次建议。如果没有可靠的统计资料和经济分析作基础，就不能作出准确的经济预测和正确的宏观决策。阿尔伯特也强调，任何国家的经济发展，都是随着信息的发展而发展的，必须把经济信息与经济计划放在同等重要的地位。离开准确的信息所制定的计划，往往都是盲目的计划。

为了保证宏观经济间接管理各种调控手段的有效实施，专家们还提出，必须加强有关的经济立法，建立全国统一的会计制度和独立的审计系统。没有一个全国统一的会计制度，就很难对企业的经营成果作出准确的评价，社会资源的分配也就难以取得良好的效益。没有独立的审计系统，就不可能防止企业的欺骗和违法行为，经济法规也就无法得到认真的贯彻执行。

现在回过头来看会议讨论的一些内容，对当时的改革、对我们所走过的路子再验证一下，我觉得讨论的很多基本观点对现在仍然有参考价值。我之所以如此看重这次会议的价值，是因为当时我们缺乏经验，而像中国这么大的国家，搞改革是史无前例的，所以多听听别人的意见和建议是很有益的。事实也证明了这次会议的价值。

四 第一次综合配套改革设计的尝试

1986年1月25日，国务院领导在国务院第二会议室召开了座谈会，讨论“七五”期间特别是“七五”前期经济体制改革的步骤和综合配套改革问题，安志文同志和我参加了这次会议。3月15日，在听取城市经济体制改革工作会议汇报时，国务院领导指出：“今年改革有个很重要的任务，就是为明年、后年的改革做好准备。首先要研究明、后年改革的步子究竟走多大？在改革的深度和广度上达到个什么程度好？步子走大一点比较有利，还是走小一点比较有利？大家可以酝酿研究一下。当然，这不能完全从我们的愿望出发，要看主、客观的条件。”他还提出：“具体说来，明年的改革可以从以下三个方面去设计，去研究：第一是价格，第二是税收，第三是财政。这三个方面的改革是互相联系的。”并强调：“价格、税收、财政的改革必须配套。这是改革工作的一项重大系统工程，应统一来搞。”

为此，3月25日，国务院办公厅发出通知，决定成立国务院方案研究领导小组，负责研究制定明、后两年改革方案和主要措施。领导小组由田纪云负责，张劲夫、吕东、安志文等人参加；下设改革方案办公室，任命我为办公室主任，杨启先、傅丰祥、吴敬琏为副主任。

4月8日到10日，改革方案办公室用了3个半天的时间，讨论明、后两年综合配套改革的基本思路。当时，改革方案办公室集中了40个人，从体改委、财政部、人民银行、社科院各个方面抽调人员。一些年轻的业务骨干都在里面，像郭树清、楼继伟、周小川、宫著铭、石小敏、贾和亭，更年轻的还有华生。为什么组织那么多人来讨论？因为要搞综合配套改革的设计，仅靠原有机构的人马是不够的。

4月25日，改革方案办公室提出了明、后两年综合配套改革的基本思路。在讨论中，对于明、后两年的综合配套改革究竟达到什么目的，有两种判断。一种判断比较乐观，认为由此就能形成比较完善的商品市场，宏观调控转向间接调控为主，新体制的框架基本建立起来，实现新体制占据主导地位。另一种判断，要使新体制占主导地位或者建立新体制框架，必须在三个方面有根本性的变化。第一，大部分工业企业实现自主经营、自负盈亏，这是新体制必须具备的微观基础。第二，要有一个比较完善的商品市场和初步发育的资金市场。第三，主要运用经济的、法律的手段来调控经济运行。明、后两年改革的重点是价、税、财联动，在企业自负盈亏方面不会有根本突破，国家与企业的分配比例在全局上还不能做大的调整，资金市场还难以形成，计划体制改革的步伐也不会很大。因此，改革可使新体制在若干重要方面上升为主导地位，为更深层次的改革扫清道路。目标定得过高，范围搞得太宽，可能是不现实的。

这两种判断有较多的差异。具体地说，大概有三种意见：第一种意见主张，明、后年改革的中心是理顺生产资料价格，发挥商品市场功能。其他方面都要围绕这个中心，采取配合性的改革措施。比如，调整产品税率，开征资源税，以调节因提价引起的经济利益关系的变动；加强投资的计划性，控制基建规模，改善价格改革出台的经济环境。只要生产资料提价这一步迈出去就是一大成绩，所以，这是一种功能性的改革。而经济体制的重构或者实质性的改革应当放后一点进行。这个思路有利的一面是改革的目标集中，内容比较单一，方案准备工作量不大，对各方面的利益关系牵动比较小，实行起来不会有太大的阻力和风险。不利的一面是对旧体制触动不大，整个经济运行机制不会有多大的变化，调价的效力很快会衰减，结果可能是旧体制在更高价格水平上的继续。

第二种意见主张，抓住当前不可多得的有利时机，果断地实行比较彻底的配套改革，打破新旧体制并存的状态，建立新体制的框架，“七五”后两年不必再走大的步子，主要是进行消化、补充。这就要求：（1）重要生产资料的价格调整基本上一次到位，一次性地提高到市场价格的水平，结束双轨制。（2）调后即放。在提价后的半年到一年之内，基本取消重要物资的计划调拨制度，形成以限价、浮动价、合同贸易为特征的统一的商品市场。（3）税收联动。通过开征资源税、土地税等，将提价的好处收归国家，同时对加工制成品进行减税和补贴，以稳定消费品的市场价格。（4）改革税制。大大缩小产品税的范围，通过普遍开征资源税、土地税、固定资产占用费等，全面实现国有资源、资金的有偿使用。（5）在确定中央、地方事权范围的前提下，重新划分地方收支，建立分税制基础上的分级财政。（6）实行利改税，将国拨流动资金改为银行贷款。此外，在计划体制、物资体制、投资体制，企业财产关系、经营方式、领导体制、劳动就业制度和工资福利制度，以及银行体制和政府机构等方面，进行相应的改革或者试点准备工作。这种设想有利的一面是，改革的配套性强，在经济体制各个方面可以取得重大突破，加速建立新体制的主导地位，避免“七五”后期再来一次大的配套改革。不利的一面是，设计方案和各项准备工作十分艰巨，对社会经济环境的要求很高，干部的思想和管理能力可能跟不上。两年中要完成这么多改革，任务相当困难，容易出现意想不到的问题。改革在广度和深度上冲击旧体制，遇到的阻力和风险必然增大。

第三种意见是，配套改革在切实可行的范围内尽量迈出大步，但是不可能毕其功于一役。要准备“七五”后期再进行一次更深层次的配套改革，才能使新体制真正占主导地位。明、后两年价格改革的步子要大，但是不能强调“一次到位”，不同的生产资料可以有不同的提价幅度。先做一次较大的调整，而后视情况需要再实行微调，避免对市场造成过大的冲击。提高生产资料计划价格的同时，分步骤地减少分配调拨，扩大市场调节的范围。但至少在两三年内，计划分配不能完全取消，“双轨”价格还会继续存在，但可以通过建立专营市场等办法趋利避害。开征资源税、土地税等税种是必要的，但在一定时期产品税仍然会占相当大的比重，并发挥重要的调节作用。因生产资料提价增加的收入，应由国家以税收的形式收回。但对利润率偏低的原材料的生产企业，仍需留给他们一些好处，增强其自我发展能力。由此减少的财政收入，可用原来无偿开发国家资源的非国有企业交纳的税款来补偿。为了控制零售物价，对加工产品有选择地实行减税。确实消化不了，导致亏损，产品又适销对路的企业，应允许适当涨价。确属必保的重点建设项目，若因资本货物全面提价难以按计划完成的，可追加一定投资。在配套改革中，计划投资体制的改革具有关键的意义。必须下决心，较大幅度地减少指令性计划指标和重要物资的分配调拨。各级政府从现在起要逐步退出生产性、盈利性项目的投资，转向主要搞好公共基础设施、公共事业的建设。没有这个条件，光靠价格调整，很难出现一个生产资料市场，也无法合理地划分中央与地方的收支，建立分税制的分级财政。

还有的同志提出来，配套改革期间，需要保持适度的经济增长。如果因为搞改革，使经济发展速度连续两年降得过低，就会引起许多新的问题。配套改革不能抑制企业的动力和活力，价、税、财联动是必要的，但企业体制和金融体制的改革也应相应深化。在商品经济中，物资的运动一刻也离不开资金的运动，要搞活生产资料市场，必须在搞活资金流通上进行必要改革。在讨论中，大家共同认为，明、后两年的综合配套改革，同煤炭、石油、石化、有色金属等部门的“大包干”必将产生许多矛盾，这是一个很难解决但又必须解决的问题。

1986年6月26日，我利用向中央领导汇报考察匈牙利、南斯拉夫情况的机会，同时汇报了改革方案办公室关于经济体制改革的思路。7月28日到8月1日，我与安志文、杨启先、傅丰祥同志到北戴河参加中央工作会议，汇报明、后两年综合配套改革的总体设计，包括政府转型与宏观调控怎么样从直接调控转向间接调控。

1986年底，经过反复考虑，价、税、财联动改革的方案未通过，转向搞国有企业承包制。当时的情况挺复杂，有不同的声音。可能中央在讨论这个问题时，也有不同意见。实际上，如果改革难度大，不能一步到位，就会采取比较稳妥的方式推进。

4月16日，时任国务院副总理田纪云同志主持召开了改革方案领导小组办公室会议，研究讨论明、后两年综合配套改革的基本思路。在讨论中，绝大多数同志认为，明、后两年的改革着重在建立市场体系，特别是商品物资市场和实行间接调控两方面迈出决定性步子，为企业自主经营、自负盈亏、平等竞争创造条件。但在改革的配套关系、侧重点，以及步子大小等问题上，存在三种不同的思路。第一种思路：以价格、税收、财政、投资体制的配套改革为重点，流通、金融、企业、计划等改革紧密配合。价格以调为主，先调后放。第二种思路：继续给企业扩权，宏观经济实行分层次管理。价格以放为主，小调小放，逐步扩大生产资料市场。第三种思路：围绕形成商品市场，特别是生产资料市场，以价格和物资管理体制的配套改革为重点，税收、财政（分税制）、金融（建立短期资金市场）体制改革紧密配合。

五 通过匈牙利、南斯拉夫考察深刻了解改革是艰难的探索

1986年，我担任体改委副主任期间，带队去匈牙利、南

斯拉夫考察。

当时为什么要去匈牙利、南斯拉夫考察？第一，要为1987—1988年改革方案做准备，这是主要目的。第二，考虑到匈牙利、南斯拉夫是首先搞改革的社会主义国家，去的人很多，中央派人去考察，地方、企业、学术机关也派人去。匈牙利是一个小国，看见中国人来了那么多，他们说："我们的牛都认识你们中国人了。"因为重复考察，提出的问题差不多，考察结果向本单位汇报一下，就把材料放到抽屉里了。我认为这种情况必须改变，不能这样重复考察。经国务院批准，我就带了18个人的代表团深入匈牙利、南斯拉夫考察。代表团成员都是精明能干的年轻人，包括马凯、杜鹰、李剑阁、刘泽彭等，这几个人后来成为部级领导，马凯还担任国务院副总理。

我们重点考察了匈牙利、南斯拉夫两国在新旧体制交替过程中的摩擦、矛盾、发展趋势和解决问题的方向，分别与两国领导人、党政有关部门负责人、著名学者、学术研究机构和企业各界人员进行座谈100多次，形成座谈纪要30多万字。

我国驻匈牙利、南斯拉夫大使馆对这次考察十分支持。会见有关国家领导人都由大使馆工作人员陪同，代表团吃、住基本上在大使馆。每天夜里我们聚集在一起，交流考察情况，重要信息当晚就发给中央有关部门领导。马凯同志在我从事经济工作60周年贺词中说："记得1986年我随您作为团长的中国经济体制改革考察团对匈牙利、南斯拉夫为期40天的考察，这是一次探索改革之旅、解放思想之旅。大家夜以继日地看、问，热烈深入地讨论，至今历历在目。"（《高尚全同志

从事经济工作60周年纪念画册》中马凯副总理亲笔信）

考察结果形成了《关于匈牙利、南斯拉夫改革的考察报告》，并汇集成书《艰难的探索——匈牙利、南斯拉夫改革考察》。考察报告主要内容分三部分：对改革的基本认识；改革中值得注意的几个问题；几点值得借鉴的经验。1986年6月26日，我向国务院主要领导汇报了匈牙利、南斯拉夫改革的经验教训及对我国的启示。这次考察得到了党中央、国务院的充分重视和肯定。

1986年访问匈牙利期间，高尚全与匈牙利领导人会谈

六 希望党的十三大在理论上有重大突破

1987年8月，在党的十三大召开之前，我在体改委的一份简报上发表了一篇文章《希望十三大在理论上要有重大突破》，我讲了三点意见：

第一，计划调节与市场调节是一种手段和方法，不是社会制度的属性，是社会主义商品经济发展的必然趋势；

第二，用经济合同逐步替代指令性计划；

第三，随着改革的深化和经济的发展，计划与市场结合的形式发生变化，从指令性计划向政策性计划转变，是经济发展和改革的需要。

当时体改委主任李铁映同志在简报上批了“送总理参阅”几个字。总理看了后于1987年8月30日批示：“要把指令性计划改为经济合同制的观点反映到报告中去。”①用经济合同制逐步取代指令性计划，这是经济体制改革的一个重大突破。现在看来不觉得什么，但在当时是一件大事。我之所以提出这个建议，是因为我在匈牙利考察过程中真切地感受到指令性计划是不能满足社会化大生产需要的，必须打破“取消指令性计划就是取消社会主义”的思想禁锢，明确计划经济并不是社会主义的特征。党的十三大报告采纳了我的观点，中国社会主义市场经济改革迈出了一大步。

1987年10月26日在党的十三大举行的中外记者招待会上高尚全（前排左二）答记者问

① 高尚全：《三中全会是开启新一轮改革的战略起点》，《中国经济时报》2013年11月13日。

肆

二十世纪九十年代：探索经济、政治体制改革引向深入

一 资本市场和劳动力市场是怎样被写入中央决议的

1993年5月，中共中央政治局举行全体会议，决定下半年在北京召开党的十四届三中全会。全会的主要内容是讨论建立社会主义市场经济体制问题，并作出建立这个体制的若干决定。5月31日，时任中共中央总书记江泽民同志主持召开文件起草小组的第一次会议。会上，宣布成立文件起草小组。温家宝同志是文件起草小组组长，是以中央书记处书记的身份主持起草工作的。我参加了文件起草小组，还有郑必坚、项怀诚、王梦奎、刘国光等，共25人，有关部门的负责人都参加了。文件起草小组下面设几个分小组，我负责市场体系，这个小组有3个人，郑新立、张卓元和我。在这次会议上，江泽民同志就《中共中央关于建立社会主义市场经济体制若干问题的决定》（以下简称《决定》）的框架、主要内容及需要回答的问题等提出了一系列要求。他强调，起草这个《决定》要以邓小平同志建设有中国特色社会主义理论和党的十四大报告精神为指导思想，为社会主义市场经济体制的建立提供一份纲领性的文件。他还说，这个《决定》对于改革开放和现代化建设具有十分重要的意义，关系到20世纪末直至21世纪中国的发展。温家宝同志对起草工作提出要求：在如何建立社会主义市场经济体制的问题上，《决定》要比党的十四大前进一步，在推进改革的政策措施上要有新突破，长远目标要明确，起步要扎实。必须要以高度的责任心和使命感，集中精力才能起草好这个文件。

经过两天半的学习讨论，文件起草小组初步确定了文件的框架。半个月的紧张工作过后，文件起草小组草拟了一份共10个部分53条的文件提纲。不久，中央政治局常委听取了文件起草小组关于《决定》起草内容的汇报，并原则同意了这个提纲，要求据此开始正式文件的起草。从6月下旬开始，文件起草小组用了2个月时间，先后完成了《决定》第一稿至第四稿。

9月9日，中央政治局常委在中南海听取文件起草小组关于《决定》第四稿的汇报，根据中央政治局常委讨论的意见修改后形成《决定》第五稿。江泽民同志和其他中央政治局常委同志分别就确立现代企业制度，加快金融、财税、投资、社会保障制度改革步伐，重视科技教育工作等问题提出意见。会议对《决定》第五稿表示原则同意，并要求文件起草小组在此基础上加以修改，逐步完善。

9月20日，在怀仁堂召开的中共中央政治局全体会议又讨论了修改后的《决定》第六稿。会议认为，这一稿符合邓小平同志建设有中国特色社会主义理论，是与党的十四大精神相吻合、相衔接的，有所创新，有所突破。会议原则同意这份文件，并提出了一些具体的修改意见和要求。

9月底，中共中央把《决定》第六稿印发到全国各省、自治区、直辖市以及中央和国务院的各部门、各单位征求意见。党的十四届中央委员会委员、候补委员，中央党政军各部门负责干部，各省、自治区、直辖市和各大军区的党委负责同志参加了对《决定》征求意见稿的讨论。他们在总体上给予肯定的同时，提出了1050多条修改意见。这些意见大到文件的结构、内容，小到文句字词、标点符号，充分体现了严肃、认真、负责的精神。

10月15日，中共中央召开党外人士座谈会，征求各民主党派、全国工商联负责人和无党派知名人士对《决定》征求意见稿的意见。这些长期与中国共产党合作共事的代表人士对建立社会主义市场经济体制提出了许多修改建议。在此期间，中央政治局常委同志还分别召开了党内老同志座谈会和经济界专家座谈会，征求意见，听取建议。根据各方面的意见，起草小组对《决定》征求意见稿又做了270多处修改，形成了《决定》第七稿。

在文件起草过程中，取得了一些进展。一个是我们组提出了资本市场的问题。提出这个问题的时候，没有什么争论，但这也是一个重大突破啊！因为1949年以后就不能提资本市场，认为它是跟资本主义相联系的，社会主义只有资金，只能讲资金怎么流转，怎么利用，不能提资本，更不能提资本市场。因此，十四届三中全会能提出资本市场，这是一个重大突破。另一个是关于劳动力市场的问题。1985年提出“劳务市场”，党的十三大提出“劳动就业市场”，这次准备还是提“劳动就业市场”。对此，我提出，应当明确提“劳动力市场”。当时，文件起草小组的阻力挺大，有的同志不赞成，认为劳动力怎么能进入市场呢？工人阶级是主人翁，怎么能进入市场？8月30日《决定》第三稿第14条，我们是这样写的：“当前培育市场体系的重点，是发展要素市场，包括金融市场、房地产市场、劳动力市场、技术市场、信息市场等。”“改革劳动就业制度，逐步形成劳动力市场。”但是，到了9月28日《决定》征求意见稿就发生了变化。《决定》征求意见稿第13条提出：“当前培育市场体系的重点是，发展金融市场、劳动就业市场、技术市场和信息市场等。”“改革劳动制度，逐步形成劳动就业市场。”为什么把“劳动力市场”改为“劳动就业市场”呢？主要担心的是，提出“劳动力市场”，会影响工人阶级的主人翁地位，引起政治上的不良反应。

针对这个情况，我写了一份《市场经济与劳动力市场》的研究报告。报告提出：

在社会主义市场经济的基本理论中，还没有一个概念能够准确地描述实践中客观存在的劳动力供求情况。理论界特别是经济部门在涉及这一领域的问题时，往往用“劳务市场”“劳动市场”“劳动就业市场”等概念。党的十四大确立了建立社会主义市场经济体制的改革目标后，对培育和发展劳动力市场的呼声越来越高了。为此，我们应当明确提出“劳动力市场”的概念。劳动力市场是生产要素市场，也是市场体系的重要组成部分，只有理直气壮地提出劳动力市场，才能加快建立社会主义市场经济体制。

第一，确立劳动力市场概念，首先要看到劳动力与劳动者、劳动就业的区别。

在社会主义条件下，劳动力具有商品的属性，就是说，劳动力同样具有使用价值和价值的二重性，劳动力的价值同样要通过交换才能实现，于是就产生了劳动力市场。

在社会主义条件下，劳动力是否具有商品属性？现在人民是国家的主人，怎么能把劳动力当作商品来看待呢？产生这样的问题的主要原因，是把劳动力和劳动者两个概念混淆在一起了。实际上，劳动力不等于劳动者，更不同于劳动就业，劳动力和劳动者、劳动就业是三个既有联系又有区别的概念。马克思曾说："我们把劳动力和劳动能力，理解为人的身体即活的人体中存在的、每当人生产某种使用价值时就运用的体力和智力的总和。"①简言之，劳动力指的是劳动者的劳动能力；劳动者指的是劳动的主体即人自身。劳动者在劳动力市场上交换的是自己的劳动能力，而不是交换人自身。在交换过程中，劳动力供求双方平等协商、互相选择的场所就是人们所说的劳动力市场。

劳动者有不同等的个人天赋，因而也有不同等的工作能力。劳动力属于劳动者自己所有，劳动者"是自己的劳动能力、自己的人身自由的所有者"②"……他在让渡自己的劳动力时不放弃自己对它的所有权"③，从而，为劳动力市场的存在和发展提供了可能和现实基础。劳动就业是就业过程本身，不是生产要素，就业过程是不能进行交换的，进入市场交换的既不是劳动者，也不是劳动就业，既不是劳动，更不是劳务，只能是劳动力。劳务是商品，但不是要素市场的商品，不是生产力要素，因此提出劳务市场是不够科学的。

---

① 马克思：《资本论》第1卷，人民出版社，2004，第190页。

② 马克思、恩格斯：《马克思恩格斯全集》第23卷，人民出版社，1972，第190页。

③ 马克思、恩格斯：《马克思恩格斯全集》第23卷，人民出版社，1972，第191页。

劳动与劳动力的概念也是不同的，劳动是劳动力的使用，是价值的实体和内在尺度。劳动不能作为商品在市场上交换，只能在生产领域中进行，只有劳动力才能在市场上有价格。因此，不能用劳动市场替代劳动力市场。

诚然，马克思为了批判资本主义，发现了劳动力这种特殊商品在货币转化为资本过程中的作用，揭示了资本主义剥削的本质。然而，在社会主义条件下，生产资料只有与劳动力结合起来，才能形成现实的生产力，才能实现价值增值。在这里，问题不在于是否承认社会主义社会的劳动力仍然创造剩余产品的价值（如果不创造剩余产品的价值，岂不永远是简单再生产，社会如何发展？综合国力如何增强？人民生活如何改善？新增人口如何能养活？国家如何现代化？），关键问题在于新增的剩余产品价值归谁所有？如何有效地使用？是否为人民和全社会造福？我们搞社会主义市场经济，资本的增值意味着包括公有制为主体的所有者资本的扩大、社会财富的增长。这有利于社会生产力的发展，有利于社会主义国家综合国力的增长，有利于人民生活水平的提高。因此，劳动力进入市场，是自然而然的，我们也没有必要回避劳动力市场的概念。

在西方市场经济体制中，劳动力市场（labour market）被看作最重要的生产要素市场。一些经济学家认为，劳动力市场的均衡决定着所有市场的均衡。人们可以通过对劳动力的边际成本和边际收益的比较，分析劳动力市场的需求状况，评价劳动力资源配置的合理程度。

第二，确立劳动力市场的概念是建立社会主义市场经济体制的内在要求。

从社会资源配置的角度讲，大体上存在两种方式：一种是通过行政计划的运作来配置资源，即计划经济；一种是以市场为基础来配置资源，即市场经济。我们要建立社会主义市场经济体制，就必须建立统一、开放、竞争、有序的市场体系，不仅全部的商品，而且全部生产要素都应进入市场。生产要素包括物质资源、资本和劳动力资源，其中，劳动力作为生产要素中唯一具有能动性的因素，在生产要素中起着重要的作用。如果其他生产要素进入市场，而单单把劳动力排斥在市场之外，是不可能形成统一开放的市场体系的。因此，从建立社会主义市场经济体制的内在要求出发，也应确立劳动力市场的概念。只有劳动力进入市场，劳动者的素质、劳动者的价值得到准确、公正的评价，企业和劳动者才能在自愿基础上进行双向选择，从而促进劳动力资源以及整个社会资源的优化配置。

第三，劳动力市场是经济生活中客观存在的现实。

在我们的经济生活中已经存在着劳动力市场，这是无可否认的事实。根据国家统计局提供的1992年的有关数据计算，在各行业社会劳动者（农业劳动者除外）人员结构中，国有单位职工人数为1.09亿人，占各行业社会劳动者（农业劳动者除外）总数的43%；非国有单位职工（劳动者）人数为1.45亿人，比重为57%。这说明在除农业外的全社会各行业中，由市场配置的劳动力资源已经超过半数。其中，工业由市场配置的劳动力资源的比例为56%，交通运输与邮电通信业为60%，商饮业与物资供销、仓储业为67%，建筑业则高达77%。这里若再考虑农业流动性的剩余劳动力资源，需要由市场配置的资源比例就更大。面对已经进入市场的庞大的劳动力资源，我们应审时度势、因势利导，及时确立劳动力市场的概念，并将培育和发展劳动力市场的工作提到今后深化改革的重要议事日程中。

第四，从今后经济发展中的就业压力来看，加速培育和发展劳动力市场势在必行。

我国人口众多，劳动力供大于求的矛盾将长期存在。据有关部门提供的数据表明，在我国农村，现有劳动人口4亿人左右，其中剩余劳动人口大约2亿人，而且，今后每年将以1000万的速度递增，预计到2000年，将达到2.5亿人左右。在城镇每年新增加的要求就业人员达800万人左右，到2000年全国城镇累计需要安排的就业人员在6000万人以上。在国有部门内部，现在职工1.09亿人，冗员现象普遍存在，随着政府机构、企业劳动用工制度的改革，预计有1000万人需要转移。也就是说，到2000年，我国将面临3.2亿人的就业压力，这一数字接近于美、英、法三国人口数的总和。

与上述情况形成鲜明对照的是，我国目前的劳动力市场还处于发育的初级阶段，存在着一系列亟待解决的问题。从市场竞争主体看，在国有部门中，由于劳动人事制度尚未进行彻底改革，阻碍了市场主体的形成；在非国有部门，尽管市场主体地位已基本形成，但市场主体的权益还缺乏保障。从市场运行机制上看，劳动力价格标准不统一，在相当大的领域内，工资既不反映劳动力成本，也不反映劳动力供求，没有发挥调节市场运行的机制作用。从市场竞争秩序上看，缺乏必要的维护竞争、调控市场以及法律监督的手段。从市场服务体系上看，社会保障制度尚未完全建立，从就业培训到医疗、工伤、退休保险以至失业救济等方面的社会化程度还很低。因此，只有通过深化改革，加速培育和发展劳动力市场，才有可能在今后的经济发展中承受住巨大的就业压力。

第五，确立劳动力市场的概念，并不影响工人阶级主人翁的地位。

这可以从三个层次加以说明：（1）承认劳动力市场，则意味着承认劳动力具有商品的属性。劳动者具有交换和保留自身劳动力的权利。有择业的自由，这正表明劳动者是自身劳动力的主人，从而实现劳动的平等和就业机会的平等；相比较旧经济体制下劳动者必须附于某个部门或单位的人的状况来看，劳动者具有支配自身劳动的自由，应该说这是历史的进步，并不影响工人阶级的主人翁地位。（2）承认劳动力市场，并不意味着社会主义条件下的劳动力市场与资本主义条件下的劳动力市场没有本质的区别。在资本主义条件下，由于生产资料的私有制，造成劳动者和生产资料的分离，迫使劳动者出卖自己的劳动力，从而失去了对自己的劳动力的支配权，变为雇佣工人。劳动力的个人所有权变质了。在社会主义条件下，劳动者是向劳动者集体交换自己的劳动力，并参加民主管理，使其真正实现了劳动力的个人所有权。由于出现了以公有制为主体的多种社会经济成分共同发展的局面，由于资产所有权、占有权、使用权的分离等，劳动者与生产资料还不能无条件地直接结合，必须也只有通过一个“中介”即市场，才能实现劳动力资源的优化配置，才能取得更好的社会经济效益。（3）我们讲工人阶级的主人翁地位，是就工人阶级整体而言的，劳动者个人不等于劳动者整体。劳动者个人交换与保留自身的劳动力，并不表明他就丧失了作为工人阶级一分子的身份。同时，随着改革的深化，我们还应通过立法的形式，进一步建立健全劳动力市场的秩序，维护广大劳动者的合法权益。因此，这只能是进一步加强和巩固了工人阶级的主人翁地位。

报告首先送薄一波同志、李岚清同志征求意见。没有想到他们很快作了批示。1993年10月14日，薄一波批示："尚全同志：我对这个问题没有做过深入研究，在目前我们实行市场经济或者叫社会主义市场经济，提出劳动力市场是自然而然的。因此，我同意你的五点论述，但我觉得不必多争论，经过几年自然而然（或顺理成章）地就会解决。"10月15日，李岚清批示："尚全同志：我原则赞成这个意见。但劳动力一般理解为体力劳动，劳动力市场应为广义的概念，应包括脑力劳动，因此提法上还值得推敲。"[①]两位老领导的批示和支持给了我坚持"劳动力市场"的勇气。当时，文件起草小组有的朋友劝说："老高，中央有的领导不赞成劳动力市场的提法，你不要白费劲了。"对此，我仍不动摇。

11月3日，中央政治局常委开会讨论《决定》的修改稿，除中央政治局常委外，个别中央政治局委员也参加会议，起草小组正、副组长以及分组负责人也列席了会议。温家宝同志代表起草小组作了汇报。他说，需要请示的问题，

① 高尚全、萧冬连、鲁利玲：《亲历中央若干重要改革文件的起草过程》，《中共党史研究》2018年第6期。

主要有两个：一是关于“企业法人财产支配权”的提法。体改委等许多单位认为这个概念表述不清，而“法人财产权”有比较科学的界定，与国家所有权有严格区别。采用“法人财产权”的概念，既与《企业法》《全民所有制工业企业转换经营机制条例》所规定的经营权相衔接，又充实了经营权的内容，有利于企业真正成为自主经营、自负盈亏的法人，符合建立现代企业制度的要求。二是关于劳动就业市场问题。体改委、劳动部等部门和一些同志建议，把“劳动就业市场”改为“劳动力市场”，认为这是生产要素市场不可缺少的重要组成部分。其中，高尚全同志的意见比较系统，根据江泽民同志的批示已经印发中央政治局常委各同志。这个问题，需要请中央决定。

在会议讨论中，有个别人仍然不同意提出“劳动力市场”概念。本来，在这种中央政治局常委会议上我是不该发言的，但我想，如果我不发言，就没有了机会，“劳动力市场”肯定写不上去。所以，我发了言，一下子讲了五条理由：

第一，劳动者跟劳动力是有联系又有区别的。劳动力如果不进入市场，劳动者的劳动价值就不能体现出来。过去，搞平均主义，搞导弹跟卖茶叶蛋的一样。劳动能力进入市场，市场就有个评价。进入市场的是劳动者的劳动能力，不是劳动者本身。有人认为，劳动力市场是像过去的奴隶市场一样，这是误解。第二，现在搞市场体系，如果最活跃的劳动力不进入市场，那么这个市场体系很难建立起来。第三，我国就业压力那么大，靠政府配置劳动力根本解决不了。一年新增的就业人口1000多万人，老的分流下来的劳动力要安排就业，靠什么？靠市场。第四，我们实际上已经有劳动力市场，就是一个承认问题。第五，劳动力市场不会影响工人阶级的主人翁地位。我讲了李光耀先生的看法，他说："你们的汽车司机的态度不够好。为什么呢？因为他认为我是工人阶级，是主人啊，主人怎么为仆人服务呢？所以心态不平衡。"[①]应该说，工人阶级跟工人是有区别的，工人阶级作为一个阶级，跟它的一分子是有区别的。我们过去混淆了，认为工人阶级是革命的，学校里派个工宣队，好像越不识字的人越革命，派工宣队员去领导知识分子。我讲完后，江泽民同志只问了一句话："提出劳动力市场，社会上能不能接受？"第二天，我找了主持文件起草小组的温家宝同志。我有点内疚，说昨天在会议上我不该发言，但考虑到如果不抓住机会，"劳动力市场"就不可能写进《决定》了。温家宝同志没有批评我，而是说："我赞成你的意见，但能不能上中央文件我也没有把握。"为了把"劳动力市场"写到《决定》上去，他做了很大努力。在这次会议之前，10月30日，温家宝同志在我的《市场经济与劳动力市场》一文上批示："请泽民同志参阅。"10月31日，江泽民同志批示："复制请常委同志参阅。"[②]中央政治局几位常委没有意见，因此，《决定》采纳"劳动力市场"的提法。

11月6日，中共中央政治局举行第二次会议，对修改后

① 高尚全、萧冬连、鲁利玲：《亲历中央若干重要改革文件的起草过程》，《中共党史研究》2018年第6期。

② 同上。

的《决定》进行研究。会议原则同意了这一稿，决定将其做部分修改后提交即将召开的党的十四届三中全会讨论。11月11日，经过广泛讨论、反复修改，长达17000多字的《决定》第八稿摆在了出席十四届三中全会的中央委员和候补委员面前。全会期间，委员们又对此进行了认真的研究和讨论，并做了近百处的修改。

在历时5个半月的时间里，文件起草工作是紧张的、繁重的，文件起草小组的同志付出了辛勤的劳动。回顾文件起草过程，可以清楚地看到，《决定》的起草过程，是充分发扬民主、在民主的基础上集中全党智慧的过程。它是在党中央领导集体的直接领导下进行的，集中了全党的智慧，体现了全党、全国各族人民的共同意志。11月14日，党的十四届三中全会通过了《中共中央关于建立社会主义市场经济体制若干问题的决定》。

二 南方两个智库的建立和启动

社会主义市场经济体系的建设和完善是一项既无先例可以借鉴，又极其纷繁的系统工程。我在长期的改革工作过程中深刻地体会到，在中国这样一个国情复杂的国度进行社会主义市场经济建设，需要的不仅仅是几个智者的天才设想，更需要集合众人智慧，充分发掘和利用国内外智力资源，组成各种专业的团队为社会主义市场经济的建设和完善出谋划策。

同时，过去在计划经济体制下“养”出来的各种研究咨询机构难以胜任在市场经济条件下类型多变的各种研究咨询业务，而且，以计划经济状态下的研究咨询机构来为市场经济做谋划本身就存在着逻辑上的悖论。因此，我非常希望设立脱离财政依赖、自负盈亏并能够在激烈的市场竞争环境中生存和发展的研究咨询机构。为实现这个目标，我积极推动在改革开放的最前沿——深圳市和海南省进行试验。在马洪、陈锦华、李灏、蒋一苇同志和我的努力下，1989年2月，经国务院总理批准，深圳综合开发研究院正式成立。我主持了成立大会，会议选举马洪同志为理事长，陈锦华、蒋一苇等同志和我为副理事长。

深圳综合开发研究院自成立之日起即以改革试验者面貌出现，是中国研究咨询机构中尝试市场化运作的“先行者”，目前它是中国研究咨询业中规模最大、积累经验最丰富、提供服务最完善、运作最成功的机构之一，成为首批被列为“全球百家著名脑库”之一的中国机构。

1990年，我还担任体改委副主任时去海南调研，海南省的领导问我，海南到底怎么办？怎么改革？怎么开放？怎么发展？我在经过认真调研后，提出了关于海南改革、开放、发展的十点建议，在第七条建议中有“建立改革发展研究院”。之所以要提出建立改革发展研究院，是因为我认为老体制的研究机构，投入大量的资金和人员，并不能充分发挥它的优势和作用。所以建议在海南办这个研究院，第一，用改革的办法来办这个研究院，小机构、大网络才能办好。第二，海南远离北京，在北京开会也就是半天，到了下午就很少人来了，而在海南开会，大家都能坐下来讨论问题，而且可以充分表达自己的意见。第三，海南离香港等地都比较近，选择在海南办这个研究院是比较合适的。我提出的这个建议得到了海南省委、省政府和体改委领导的高度重视，很快就被采纳，到了1991年的11月1日，中国（海南）改革发展研究院成立大会就召开了。

20多年来，中国（海南）改革发展研究院始终坚持“小机构、大网络”的运作机制，实行董事局领导下的院长负责制，发展成为一家以转轨经济理论和政策研究为主，培训、咨询和会议产业并举的独立性、网络型、国际化改革研究机构。中国（海南）改革发展研究院向中央和地方提交的一系列政策建议报告受到极大好评，提供的广东省公共服务均等化、海南国际旅游岛等政策咨询建议都取得了重大成果。此外，中国（海南）改革发展研究院已经举办了70多次国际论坛，不仅在国内，在国际上的影响力也正在逐步扩大。

我在担任中国（海南）改革发展研究院董事局主席期间，也提出了发挥重大作用的具体建议，其中一个建议造就了一个年收益几十亿元的产业。1990年，我向海南省提出的十点建议中的第三点建议是“充分发挥优势，积极发展高经济价值的热带农业及其加工业”。我向海南省领导阐述这条建议时讲了可口可乐和雀巢咖啡的案例：它们都是产品，但变成了全球性的产业，成为世界名牌产品。那么，海南能不能利用独特的优势，打造一两个名牌产品，而且这些产品能够从海南销往全国乃至全球。我指出，海南的椰子产量占了全国的99.5%，椰汁能不能作为海南优势产业的一个产品。

不仅在海南，而且要发展到全国。如果销往全国，那么就必须在北京打开市场，要占领北京市场就必须在人民大会堂、钓鱼台国宾馆都能喝到，因为这是国宴产品，大家都想品尝一下。后来在钓鱼台国宾馆开了会，请一些专家来讨论并品尝海南的椰汁。之后钓鱼台国宾馆用了这个产品，人民大会堂也用上了这个产品。海南的椰汁成为一个名牌产品，一年的订单额高达几十亿元。椰汁的扩大生产，形成了一个产业链，促进了海南经济的发展。

20多年来，因为对海南特殊的情结，我一直关注着海南的发展。我提出，海南的发展要坚持走“三二一”道路。“三”就是要发挥海南的三大优势：热带优势、旅游优势和海洋优势。“二”是做好两个创新：体制创新和科技创新。海南是最大的经济特区，在体制创新方面可多发挥“实验田”功效，特别是在精简机构、提高效率方面可多做些文章。通过这两个创新，以保证三大优势的发挥。“一”就是保持一片净土。海南不光是海南人民的海南，也是全国人民的海南。良好的生态环境是海南的无价之宝，海南工业化、现代化发展，都不能牺牲环境，而是要从子孙万代的利益出发，这是海南省贯彻落实科学发展观的重要出发点。

我在改革最前沿的深圳和海南的谋篇布局上打破了传统体制对咨询研究机构的禁锢，将市场机制引入社会主义市场经济急需的智力支持环节，为社会主义市场经济的繁荣发展注入了宝贵的思想动力。

三 助力香港回归，应对亚洲金融危机

1992年10月，英国方面从《中英联合声明》的立场上倒退，抛出违背中英双方已经达成的有关协议和谅解的“政改方案”，为香港的顺利回归设置障碍。我国中央政府为保证香港的平稳过渡，坚持“以我为主”和“面向港人、依靠港人”的方针。

1993年7月2日，第八届全国人大常委会第二次会议通过了《全国人大常委会关于设立全国人大常委会香港特别行政区筹备委员会预备工作委员会的决定》，香港特别行政区筹备委员会预备工作委员会（以下简称预委会）于当日正式成立。预委会由内地和香港的各方面人士和专家组成，共有57名委员（后增补13人，共计69人），设有政事、经济、法律等5个专题小组，时任国务院副总理兼外交部部长钱其琛同志担任主任委员。作为经济方面的专家，我被任命为预委会委员并担任经济专题小组组长。

预委会经济专题小组以我为内地组长，方黄吉雯为香港组长。在开展工作的短短两年半时间里，先后设立了跨“九七”大型工程及合约、财政金融等7个课题研究小组；完成了退休保障问题、香港政府资产分布管理及交接、香港政府财政预算案编制、香港特别行政区土地基金的交接及“九七”后管理、联系汇率制度、香港与邻近地区基建衔接、香港与内地贸易统计等共8份课题研究报告；完成了拟提交香港特别行政区筹备委员会的12项建议和意见。包括经

济专题小组在内的预委会卓有成效的工作为香港特别行政区筹备委员会的建立打下了良好的基础，使中国在香港平稳过渡上掌握了主动权。

1995年12月8日，预委会圆满结束工作任务。在预委会良好工作的基础上，1996年1月26日，香港特别行政区筹备委员会（以下简称筹委会）在北京正式成立。筹委会共有150名委员，由人大常委会任命内地和香港人士组成，其中来自香港的委员94名，内地委员56名。筹委会下设秘书处及6个工作小组，分别为推选委员会小组、第一任行政长官小组、临时立法会小组、经济小组、法律小组及庆祝活动小组。我被任命为筹委会委员并再次担任经济小组组长。

筹委会经济小组对与香港政权交替和平稳过渡有关的重大经济问题开展了研究，如对1997—1998年度财政预算案、保持香港金融稳定、发展香港的国际金融中心地位、政府资产交接、香港新机场建设和西北铁路计划等大型基建问题等做了进一步研究，这些建议分别送香港特别行政区政府和内地有关主管部门参考。

从1996年1月成立至1997年7月结束，筹委会共召开了10次全体会议，顺利完成组建香港特别行政区第一届政府推选委员会、筹办香港特别行政区成立暨特区政府宣誓就职仪式，以及统筹、协调、推动庆祝香港主权移交等各项回归重大事宜。经济小组在内地与香港委员共召开了21次专题小组会议、举办了2次座谈会和2次大型研讨会，完成了7份课题研究报告，提出了12项建议和意见，对“九七”前后香港经济存在的重大问题和发展趋向进行了较为深入的研究。

其中，我和我的博士生叶国鹏于1996年完成报告《汲取欧洲及墨西哥货币危机教训　确保香港金融市场的稳定》。1996年，金融危机还没有爆发，我和我的博士生叶国鹏说，咱们研究一下这个课题，吸取欧洲和墨西哥的教训，促进香港经济的稳定发展。我当时分析了东南亚经济、政治上的薄弱环境，并预测可能会引发金融危机。一旦发生金融危机，必然会冲击香港。所以我认为香港一定要有预防的措施、应对方案以及必要的行政措施。后来，我将我的想法跟深圳综合开发研究院说了，并提议深圳综合开发研究院研究香港的问题以及预案。所以，亚洲金融危机爆发以后，深圳综合开发研究院是第一个就这个主题出书的。当年，我完成了一份研究报告，给了一本改革建议。因为提前预见情况，所以别人还没有反应过来时，我们的书已经出版了。

这篇报告指出，维持金融市场的稳定和香港作为一个国际金融中心的地位，是确保香港平稳过渡的重大实质性内容之一。为此，要密切注意国际汇市的动向，面对猖獗的国际投机汇商有可能企图利用港元兑美元的固定联系汇率以狙击港元，有关当局应高度戒备，严阵以待，采取切实有效措施，让这些敢于入市的投机商遭受重创，或知难而退。一方面应充分认识到20世纪90年代以来欧洲金融风暴和墨西哥金融危机昭示的国际金融重大事件的严重性；另一方面也敦促我们吸取教训，防患于未然，对可能出现的最坏结果采取周密的防范措施。同时，必须充分认识到维持港元兑美元联系汇率制对稳定香港经济的重要性。

报告上报中央领导同志后立即得到高度重视，并且被及时批示有关部门阅办。1996年12月15日，钱其琛同志批示：要吸取欧洲和墨西哥的教训，促进香港经济的稳定发展。

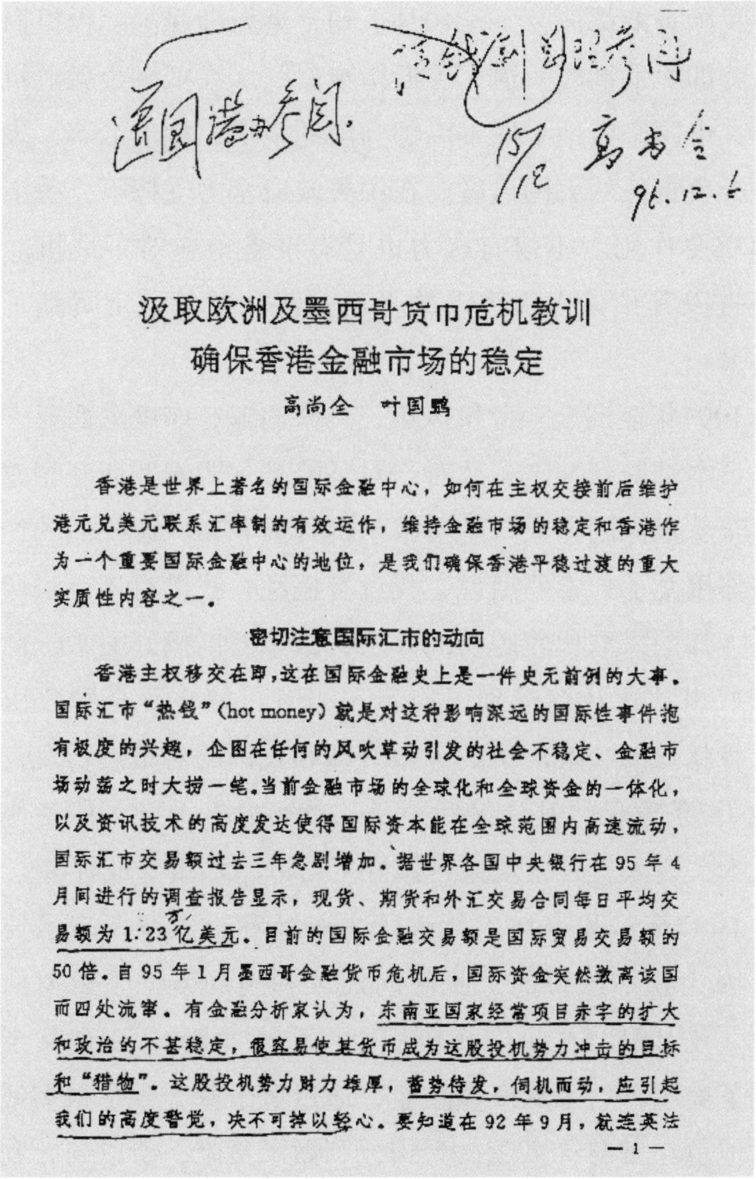

汲取欧洲及墨西哥货币危机教训 确保香港金融市场的稳定

高尚全　叶国鹍

香港是世界上著名的国际金融中心，如何在主权交接前后维护港元兑美元联系汇率制的有效运作，维持金融市场的稳定和香港作为一个重要国际金融中心的地位，是我们确保香港平稳过渡的重大实质性内容之一。

密切注意国际汇市的动向

香港主权移交在即，这在国际金融史上是一件史无前例的大事。国际汇市“热钱”(hot money)就是对这种影响深远的国际性事件抱有极度的兴趣，企图在任何的风吹草动引发的社会不稳定、金融市场动荡之时大捞一笔。当前金融市场的全球化和全球资金的一体化，以及资讯技术的高度发达使得国际资本能在全球范围内高速流动，国际汇市交易额过去三年急剧增加。据世界各国中央银行在95年4月间进行的调查报告显示，现货、期货和外汇交易合同每日平均交易额为1.23亿美元。目前的国际金融交易额是国际贸易交易额的50倍。自95年1月墨西哥金融货币危机后，国际资金突然撤离该国而四处流窜。有金融分析家认为，东南亚国家经常项目赤字的扩大和政治的不甚稳定，很容易使其货币成为这股投机势力冲击的目标和“猎物”。这股投机势力财力雄厚，蓄势待发，伺机而动，应引起我们的高度警觉，决不可掉以轻心。要知道在92年9月，就连英法

— 1 —

钱其琛同志批示复印件

1997年7月2日，泰国宣布放弃固定汇率制，实行浮动汇率制。泰铢贬值，一场遍及东南亚的金融风暴由此爆发。随后蔓延东南亚各国，包括印度尼西亚、马来西亚，连新加坡和我国香港都波及了。10月下旬，港元即受国际投机商狙击，旋即引发港股及道·琼斯指数暴跌。在抵御金融危机过程中，中国坚定地采取不以邻为壑的举措，稳定汇率，表现出一个负责任的大国风度。在中央政府全力支持下，香港也发挥重要作用，不仅有实力也是有准备地应对了危机。我的报告以其预见性为香港的平稳过渡和繁荣稳定贡献了一份力量。

1997年亚洲金融危机以后，马来西亚、印度尼西亚、印度、日本都受到冲击。我对当时马哈蒂尔跟索罗斯互相谴责一事有着很深的印象。马哈蒂尔批判索罗斯，说我们的经济都被你搞乱了。索罗斯说，我没有搞乱，我没有违反法律。另外，韩国采取比较聪明的办法，跟索罗斯搞好关系，由坏事变好事。这让我受到了启示。当时正好在开全国政协会议，我就亚洲金融危机的经验教训和我们的对策进行发言，我说了7条意见，其中最后一条，就是做好关键人的工作。我认为关键人就是索罗斯，做好了可以将坏事变成好事。

1987年，我带18人代表团去匈牙利，索罗斯表示要见我。因为我不认识他，我便向匈牙利当局咨询了索罗斯的情况。匈牙利当局反应比较积极，说索罗斯9岁跟他父亲一起到了美国，后来从事金融业，通过量子基金赚了很多钱。同时他也在做慈善事业，为匈牙利做了贡献，所以匈牙利的反应是比较积极的。知道索罗斯的基本情况后，我答应见见他。我问他为什么要见我，他表示知道我们代表团里都是精英并提出：第一，支持我们18人代表团费用。当时我们18人费用比较紧张，考察都是坐公共汽车去的，旅馆条件也很艰苦。第二，建立开放基金。他认为国家不开放是不行的。我们对于建立开放基金是很慎重的。

1998年，我在见索罗斯之前，第一，向朱镕基同志进行了口头汇报；第二，向钱其琛同志写了书面报告，我表示自己即将到世界银行工作，有条件做索罗斯的工作，钱其琛同志表示同意；第三，我给前驻美大使李肇星同志看了这个批示，他表示支持。我通过同为犹太人的世界银行行长詹姆斯·沃尔芬森与索罗斯取得了联系。

9月2日，我与索罗斯见了面。我先与他叙了叙旧，气氛很愉悦。转入正题后，我请他一定要注意香港的问题：第一，香港是有实力的，当时香港有970亿美元的外汇储备；第二，香港政府是有准备的；第三，中国内地政府会全力支持香港的。这次谈话非常成功。后来，索罗斯很快从香港撤离，没有给香港造成损失。

四 “自由”和“人权”的概念是怎样被写入党的十五大报告的

1997年，我参加党的十五大报告起草工作，负责所有制部分。关于政治改革的部分，由另外两位同志负责起草。我跟他们说：“报告稿里‘民主’有了，‘法制’也有了，但是为什么没有'人权'和'自由'啊？"他们说："没有地方放了。"我说："这不行的。"后来，在温家宝同志主持的一次报告起草小组大会上，我提出："必须要把'自由'和'人权'这两个概念写上去。"我当时讲了三点理由："第一，我们每个人想一想，问一下自己要不要自由，要不要人权。我相信，如果不说假话的话，都要自由，都要人权。说假话是另外一回事。如果我们都要，那么为什么不能写上？第二，宪法上讲了有这样那样的自由，为什么十五大就不敢提了呢？怕什么呢？怕就怕自由化嘛！自由化受到批判以后，自由都不敢提了。第三，自由和人权都是人们所向往的，不是资本主义独有的，是人类所共同追求的，是人类文明的成果。既然这样，为什么回避呢？我说，要老百姓继续跟着共产党走，共产党要继续执政，就必须要把这个旗帜举得高高的。"温家宝同志觉得，我讲得有道理。当天晚上，他就考虑了这个问题。第二天，报告起草小组开会的时候，他首先讲："昨天，尚全同志提出的建议解决了。"在党的十五大报告中温家宝同志写上了"保障人民依法享有广泛权利和自由，尊重和保障人权"①。

"自由"与"人权"概念首次被写进党的全国代表大会的正式文件中，是对宪法精神的延续和发展，体现了我国尊重和保障人权的决心，向国际社会进一步表明了我国重视人权的态度和立场。尊重和保障人权是社会主义民主政治的基本要求，是中国共产党确保人民主体地位，为人民谋幸福的

① 高尚全：《我亲历的中国改革的九个故事》，《同舟共进》2015年第9期。

体现。党的十五大报告明确将“尊重和保障人权”作为共产党执政的基本目标纳入党的行动纲领之中，同时作为政治体制改革和民主法制建设的一个重要目标纳入中国改革开放和现代化建设的发展战略之中，这极大地促进了我国人权事业的发展，展示了社会主义民主政治巨大的生命力。

2004年3月14日，第十届全国人民代表大会第二次会议通过宪法修正案，明确将“国家尊重和保障人权”写入宪法。2012年11月，时任中共中央总书记胡锦涛同志在党的十八大报告中提出“倡导富强、民主、文明、和谐，倡导自由、平等、公正、法治，倡导爱国、敬业、诚信、友善，积极培育社会主义核心价值观”。“自由”已经成为社会主义核心价值观中重要的组成部分。可以看出，我当年提出来的“自由”和“人权”对我国社会主义政治文明和社会主义政治理论的发展起到了促进作用。

五 华为公司到底姓“资”还是姓“社”

1997年，我在参加党的十五大报告起草工作时，有人向中央写信说，华为公司姓“资”不姓“社”。主要理由是，华为公司是非公有制企业，国家没有投资，而且搞了职工持股，背离了社会主义方向。我认为，这是改革中必须弄清的重大问题，为此，我主动要求到深圳做实地调研。时任中共深圳市委书记厉有为对这个问题也很感兴趣，他说：“我陪你一起去做调研。”[①]经我们调研，华为公司1987年成立于深圳时，创始人任正非只有2.1万元人民币原始资本起步。经过20多年的建设，华为已成为立足于世界的领先企业。虽然国家没有投入一分钱，但它为国家和社会创造了巨大的税收和财富，解决了十几万人的就业，职工分享了改革发展成果。这样好的企业，应该作为改革的典型，它回答了什么是社会主义、怎样建设社会主义的问题。党的十五大报告明确提出："劳动者的劳动联合和劳动者的资本联合为主的集体经济，尤其要提倡和鼓励。"

华为公司现已成为世界500强企业中排名第61的知名企业。[②]2014年世界最大的品牌咨询公司Interbrand发布的"最佳全球品牌"排行榜，华为成为首次上榜的中国品牌，排名第94位。2014年华为销售收入达460亿美元，已成为全球第二大通信设备供应商、全球第三大智能手机厂。我在网上看到了一篇文章，题目是《华为的秘密：为何整个世界都怕它？》，这引起了我对华为的思考。华为公司为什么能成为世界通信设备产业的领先企业？靠的是什么？我认为原因有以下几点：

一靠"领头羊"的引领。"领头羊"是谁？就是创始人任正非。他毕业于重庆建筑工程学院（现已并入重庆大学），1974年为建设从法国引进的辽阳化纤总厂，应征入伍加入承担该工程建设任务的基建工程兵，历任技术员、工程师、副所长（技术副团级），曾因做出重大贡献而参加全国

① 高尚全：《我亲历的中国改革的九个故事》，《同舟共进》2015年第9期。

② 据《财富》发布的2019年世界500强企业榜单。

科学大会，1983年复员转业到深圳南海石油后勤服务基地，于1987年辞职创立了华为公司。任正非为人低调，实干兴业，内心没有“安然感”，他认为“华为没有成功，只是在成长”。任正非是一个善于自我否定并把自我否定作为一种领导者关键气质的人。他时刻考虑的是“下一个倒下的会不会是华为？”，这种危机感，促成了华为的核心竞争力。任正非认为华为有今天是因为“广大员工，以及客户的宽容和牵引”，而他不过是“用利益分享的方式，将他们的才智粘合起来”。

二靠体制机制。审批经济催生不了华为这样的企业。华为是在改革中成长起来的，改革为华为创造了宽松的体制环境。华为成为中国最大的民营高科技企业，是因为有了比较充分的自主决策权，所以能在激烈的国际竞争中去拼搏，在竞争中知道了什么是世界先进，在竞争中学会了竞争的规则，在竞争中学会了如何赢得胜利。华为坚持以奋斗者为本的理念，有好的机制，激发员工的积极性和创造性。华为实行了员工和客户利益分享制度，98%以上的股份为员工所有，而创始人任正非只持有1.14%的股份。[①]这叫什么所有制的企业？按照党的十五大报告所说，是劳动者的劳动联合和劳动者的资本联合的新型集体经济，这样的企业尤其要提倡和鼓励。实行员工和客户利益分享机制，形成了“生命共同体”，就是把企业的发展和员工、客户的利益捆绑在一起，激发了无穷的潜力。

① 截至2018年12月31日数据。

三靠国际视野和国际战略。华为的国际市场销售额占到总销售的70%以上，华为的电信网络设备、IT设备和解决方案以及智能终端已应用于全球170多个国家和地区，涉及全球1/3的人口。华为已成为中国“走出去”的典范。

四靠创新驱动力和巨额研发投入。华为的激励机制，引发了企业创新的内在动力。华为每年将销售收入的10%以上投入研发，让超过45%的员工从事创新研究与开发。截至2015年，华为在170多个标准组织和开源组织中担任核心职位，已累计获得专利授权36511件。华为对电信基础网络、云数据中心、智能终端等领域持续进行研发投入，以客户需求和前沿技术驱动的创新使公司处于行业前沿，引领行业的发展。

伍

二十一世纪前十年：完善市场经济体制

一 博采众长的中共“十五”计划的建议

1999年11月，中共中央政治局确定了十五届五中全会的议题是通过《中共中央关于制定国民经济和社会发展第十个五年计划的建议》（以下简称《建议》），并决定成立文件起草小组，参加的同志有40多位，主要综合部门的领导都参加了，还吸收了一些经济学家。温家宝同志任文件起草组组长，成员有华建敏、郑必坚、邵华泽、盛华仁等人，我也是文件起草组成员。

在文件起草过程中，时任中共中央总书记江泽民同志先后12次听取有关方面的专题汇报，又到各地进行调研，并就文件的指导思想、主要任务和重大问题作了指示。中共中央政治局常委会和中共中央政治局对《建议》的提纲和草稿进行了多次讨论。北戴河会议确定了《建议》的基本框架。《建议》征求意见稿下发到183个单位征求意见，还征求了各民主党派的意见。

这次文件的起草有一个显著的特色，就是吸收了许多官方机构和民间智库提出的建议，其中有代表性的归结如下：

2000年4月7日，国务院体制改革办公室提出了以国有企业为中心的经济体制改革方案。该方案认为，经济结构不合理是“十五”经济发展最突出的矛盾。尤其是在我国即将要加入WTO（世界贸易组织），必须要遵循国际市场竞争规则的时刻，我国的社会主义市场经济体制才刚刚建立不久，制约市场经济进一步发展的体制性障碍仍然存在，改革和发展中的一些深层次矛盾和问题尚未解决。因此，该方案指出，“十五”时期经济改革的目标是建立初步完善的社会主义市场经济体制，为建立比较完善的社会主义市场经济体制打下基础。改革的主要任务是进一步完善以公有制为主体、多种所有制经济共同发展的社会主义初级阶段的基本经济制度，形成不同所有制经济平等竞争的体制环境；国有经济布局显著改善，趋于合理，国有企业基本建立现代企业制度，市场竞争力明显增强，效益普遍提高；大力推进要素市场建设，基本实现市场机制在资源配置中的基础性作用；分配关系初步理顺，与生产力发展水平相适应的多层次、社会化的社会保障体系大体形成；政府职能根本转变，宏观调控体系进一步完善；与国际规则相对接的对外经济体制基本建立；有中国特色的社会主义市场经济体系基本形成。

5月，全国政协经济委员会经过集体讨论，向党中央和国务院提出十点建议：（1）以体制创新解决经济结构不合理的问题。“十五”计划要保证国民经济健康发展，必须解决这种体制问题，把体制创新作为带动发展和调整经济结构的推动力。（2）在经济结构调整中，重视所有制结构的调整。在以公有制为主体的前提下，让多种所有制经济共同发挥作用，各显身手，使经济活起来。这是“十五”时期和今后能否进一步解放和发展社会生产力的决定条件。（3）以政企分开作为体制转轨的核心。让企业成为经济活动的主体，保障市场在资源配置中起基础性作用，政府承担应承担的事情，避免“越位”“错位”“缺位”。（4）产业结构调整的主体是企业，动力是市场。企业既是产业优化升级的主体，也是技术创新和管理创新的主体。政府要发挥制定规则、保证平等竞争的关键作用，为企业活动创造良好的制度环境，并通过适当的政策，激活企业的活力和创造力，但不能替代企业作决策。（5）为调动地方积极性，避免其盲目性，防止结构升级中再次发生重复建设和热点集中，进而形成结构雷同的问题，必须认真重视和克服计划体制上条块分割、自成体系的弊端，找出其中的体制创新之路。（6）在农业中，推广各类产业化经营模式，推进区域化布局、专业化生产、社会化服务，实现产供销一条龙、农工贸一体化。增加农业投入，促使资本、技术和人才向农业聚集。（7）加快发展第三产业，关键是通过体制改革和政策调控，大力推进第三产业的市场化和产业化，同时按照市场经济发展的要求实施我国的城市化战略，重点是发展中小城市，促成农民就地转化。（8）西部大开发要有新思路。政府要努力营造环境，逐步吸引更多的东部和国外资本来投资。要调整好国有经济布局，大力发展非国有经济，对现有经济结构进行有效的调整。（9）通过体制创新动员社会资本，带动民间投资形成可持续增长的局面。对内开放投资领域，降低竞争领域上市公司国有股比重，扩大上市资源，放松利率管制等。（10）为人力资本创造性的发挥建立起必要的组织制度和相关的社会文化条件。除了“尊重知识”和“尊重人才”的口号之外，还必须制定一套具体的政策与制度。

6月5日，中国宏观经济学会召开了以“十五”计划为主题的学术研讨会，对“十五”计划几个问题做了深入探讨。

与会者认为：（1）制定“十五”计划必须把老百姓满意与否放在首位，紧紧围绕扩大人民需求和改善人民生活这一目标。（2）制定“十五”计划要体现社会主义市场经济体制的原则。按照政企分开的原则，政府的规划内容应仅限于宏观发展的预测和政策导向、对掌握的公共资源的合理配置，并做好必需的基础设施建设和公用事业建设，通过制定法律法规和其他公共规则保障公平竞争并创造良好的环境。（3）“十五”计划必须把属于企业的决策权放给企业，放手让企业去应对市场。应当了解企业的期待和愿望，在市场准入、市场要素获得等方面创造公平、公正的机会。（4）要按照全国一盘棋的原则，鼓励地方拆除篱笆，允许和鼓励生产要素在地区间自由流动，鼓励地区间优势互补、联合开发。政府的各项体制都要有利于打破条块分割，破除各种行业垄断、地区垄断。（5）2000年应当成为初步建立社会主义市场经济体制年，从根本上打破政企职责不分、条块分割，基本摆脱计划经济体制，初步建立社会主义市场经济体制。

8月，民革中央研讨了《建议》征求意见稿，提出，《建议》中使人振奋的具体量化的阶段性目标提得比较少；整体结构的关键和根本是创新，建议《建议》全方位地体现创新的要求。不仅科技要创新，体制更要创新。关于《建议》的西部大开发方面，民革中央研究认为，“十五”期间，西部大开发仍然处于起步阶段，文件应当突出强调解放思想、转变观念的极端重要性，并有计划地采取切实有效的措施，推动西部地区以及所有参加西部开发的人员形成正确、科学的观念。西部大开发中水资源的开发、利用和保护是一个极为重要的环节，“十五”期间应当采取切实措施解决这个问题，加快把我国建成一个节水社会的进程。此外，民革中央还就“十五”期间着力解决人才外流和吸引人才、建立和完善社会保障制度等提出了意见。

9月，我就《建议》稿中关于劳动价值和分配制度的论述向中央提出了“深化对劳动和劳动价值论的认识”的建议。我认为，为了鼓励民营经济的健康发展，要对按生产要素分配，以及与此相关的经营管理者和技术人员的收入、私营企业主的收入，有一个清醒、客观的认识。应该承认，私营企业主经营管理企业的活动也是一种劳动，特别是对于有些凭借自己的技术发明为基础开展经营活动的私营企业主而言，他们的劳动不仅仅包括经营管理劳动，还包括科学技术劳动。因此，他们的收入中应该有很大一部分是属于自己创造的劳动收入，他们收入的高低则是由其劳动的复杂程度和承担的风险所决定的。而他们的资本也包括历年劳动收入的积累，根据要素分配理论，这一部分也是合法的。因此，对于私营企业家，我们在承认其资本家身份的同时，应确认他们的经营管理也是一种劳动。这种二重性并不矛盾。当然，在实际经营过程中，一些企业主可能会通过雇佣劳动，通过过多延长工人劳动时间、任意克扣工资、提供恶劣的生活和工作条件等方式来获取更多的利润。此时，的确存在剥削现象和剥削收入。对于私营企业主的劳动收入和合法的资本收入，我们应该加以保护；对于他们的剥削收入，应采取措施加以引导限制。在实际执行过程中，三种收入是混合在一起的，不易完全区分清楚，但只要我们坚持这一原则，就能够将剥削收入控制在尽可能小的范围内。当时，朱镕基同志和温家宝同志都对我的意见作了批示。

在广泛听取各方面意见的基础上，《建议》前后共有21稿，修改了230多处，可以说集中了全党和社会各界的智慧。10月9日，朱镕基同志受中共中央政治局的委托，在十五届五中全会上介绍了起草《建议》的说明，获得全会的审议和通过。

二 探讨什么是中国特色社会主义

2001年，在深圳举行了一个高级顾问会议，讨论深圳如何做好中国特色社会主义的示范区。参加会议的有广东省与深圳市的领导，还有学界的马洪同志（时任中国社科院院长）、刘国光同志（时任中国社科院副院长）和我（时任体改委副主任）。在会议讨论过程中，有一位高级顾问提出，我们要当示范区，首先应明确什么是中国特色社会主义。这个概念不明确怎么能当好中国特色社会主义的示范区呢？他提出的问题有道理。但是当时会议一时冷场了，大家也没有这个思想准备。大家要我讲讲，我讲了四条。

第一，以民为本，这是中国特色社会主义的出发点和落脚点；

第二，市场经济，这是中国特色社会主义的运行基础；

第三，共同富裕，这是中国特色社会主义的重要目标；

第四，民主政治，这是中国特色社会主义的重要保障。

我讲到第四条的时候，时任广东省委书记任仲夷同志坐在我旁边，他说，“民主民主，由民做主”，这个民主政治，就是老百姓当主人，民主政治。[①]我说，您说得很对。过去流行一句话：当官不为民做主，不如回家卖红薯。我讲完后，马洪同志对着我说，你讲的四条很好，我想建议加一条，加什么？中华文化。我说这个意见很好，我赞同。所以我加上了第五条——“中华文化，这是中国特色社会主义的内在要求”。

三 继往开来，《中共中央关于完善社会主义市场经济体制若干问题的决定》

2002年，党的十六大提出了“建成完善的社会主义市场经济体制和更具活力、更加开放的经济体系”的重大任务。在十六届一中全会上，时任中共中央总书记胡锦涛同志明确指出，新一届中央领导集体当前和今后一个时期的首要政治任务，就是全面贯彻落实党的十六大精神。面对经济全球化和加入世贸组织的新形势，面对全面建设小康社会的历史重任，我国经济存在的结构不合理、分配关系尚未理顺、农民收入增长缓慢、就业矛盾突出、经济整体竞争力不强等深层

① 高尚全、萧冬连、鲁利玲：《亲历中央若干重要改革文件的起草过程》，《中共党史研究》2018年第6期。

次矛盾和现象亟须得到根本性的改变，社会主义市场经济体制必须在10年成就的平台上，努力做好“完善”这一架构的文章，为全面建设小康社会提供体制保证。为此，中央要求，集中一批思维活跃、见解深刻、了解国情、熟悉经济工作的人，在深入调研、认真研究并广泛征求各方面意见的基础上，集中党内外智慧，起草一份“经得起历史检验”的文件，破解这一历史命题。

2003年4月18日，正是“非典”肆虐最严重的时刻，《中共中央关于完善社会主义市场经济体制若干问题的决定》（以下简称《决定》）起草组在北京成立。受中共中央政治局常委会委托，时任中共中央政治局常委、国务院总理温家宝同志担任《决定》起草组组长，时任中共中央政治局委员、国务院副总理曾培炎同志任副组长。成立伊始，温家宝同志就起草组的工作任务、指导思想、组织领导以及文件的基本框架作了重要讲话，并对《决定》起草组的工作日程提出了要求。

温家宝同志指出，文件的起草要从大局出发，从经济和社会相协调出发，从人民利益出发。他说，写好文件，有有利条件，也有困难。有利条件是，从1992年建立社会主义市场经济体制目标开始，已经有11年的经验，这10多年的改革开放，初步形成了社会主义市场经济体制，在理论和实践上都有很大提高，社会主义市场经济体系作为社会主义基本经济制度，还写入了宪法。党的十五大又有两大突破，一是寻求公有制的多种有效实现形式，提出公有制的控制作用不在数量比例，而在控制力；二是不仅提出生产要素，如资本和劳动力可以进入市场，而且在党的十五大上更进了一步，技术、管理、知识也都能进入市场参与分配。文件起草的困难在于，紧迫的、容易解决的问题过去已经解决了，但是难度大的、新的问题摆在面前。比如，金融体制改革剥离不良资产如何评估？国有资产管理体制如何与企业的经营自主权相协调？温家宝同志希望，要继十二届三中全会、十四届三中全会之后，再出一个历史性的文件。他还就文件的基本框架提出了意见，并阐述了对农村改革、国有企业改革、完善市场、宏观调控体制改革、社会保障、对外开放、法治建设、政治体制改革等议题的方向性意见。温家宝同志最后宣布了起草工作的组织领导及议程，除上述《决定》起草组组长、副组长之外，日常工作由王春正、王沪宁同志负责。在起草工作的日程安排方面，初步计划五一前理出一个大纲，写明几个问题，5月完善提纲，6月写出一个初稿，6月底至7月上旬向常委会汇报一次。7月，根据反馈意见出第二稿，在7月底8月初再汇报一次。9月，下发征求意见。10月再向常委汇报。当天下午，起草组召开了第一次会议，开始讨论《决定》的框架。《决定》起草工作，由此拉开帷幕。

4月23日，在温家宝同志主持下召开的起草小组会议，讨论了文件大纲。我提出了关于文件大纲的几点意见：

第一，文件要紧扣全面建设小康社会。当前体制性障碍影响了经济社会的发展，存在五个方面的滞后和不平衡：政治体制改革滞后于经济体制改革；宏观经济体制改革滞后于微观经济体制改革；政府改革滞后于企业改革；改革滞后于开放；农村改革滞后于城市改革。

第二，完善社会主义市场经济体制，是动态性的、阶段性的概念。从理论上讲，改革是无止境的，完善也是无止境的，因为经济基础是不断变化的，生产力是不断发展的。因此，上层建筑和生产关系必须不断与此相适应。从实践来看，完善也是动态的、阶段性的。完善的阶段性，就是到2020年全面实现小康的阶段。

第三，这个文件必须在理论上、体制上取得创新和突破。诸如怎么完善社会主义市场经济体制的内涵；公有制的主体地位，所有制理论要不要进一步突破？国有经济是不是社会主义的经济基础？这个理论是否要创新？否则，国有经济的战略调整很难到位。

第四，文件形成方法要适时改进。要把文件起草过程，转化成为对完善市场经济提高认识、统一思想的过程；要把封闭作业转变为比较公开、透明的作业；要采取内外结合的办法，不仅要发挥40多个起草小组成员的作用，而且要让广大干部群众参与起草工作。因此，建议发布信息，建立网站，使人民有知情权、建议权。

在文件起草过程中，起草组成员日夜奋战，从《决定》的框架到其中的重点、难点问题都进行了集中讨论和研究，并反复磋商，广纳各方面意见。5月16日，在起草小组内部确定《决定》框架的会议上，温家宝同志再次讲话。他说，在短短20多天拿出大纲很不容易，而且有新的思路。他认为，完善社会主义市场经济体制的文件，要把5年到10年内能办的事情、必须要推进的改革写清楚，讲一条能做一条。关于产权问题，现代产权制度的提法是新的，非公有制经济不可怕，要解放思想，认真总结浙江的经验，要使中央的同志都能理解。确定《决定》的框架后，起草组进行了分组，要我负责市场体系分小组。

6月9日，在起草小组会议全体会议上，我提出了完善社会主义市场经济体制的几个理论问题。

第一是公有制为主体的内涵问题。实践中，公有资产在社会总资产中的优势发生了变化，非公有制经济已成为主力军而不是生力军。因此，不能用传统的思维方式对待公有制经济和非公有制经济。现在，要使两股道变成一股道，两股绳变成一股劲，你中有我，我中有你，统一于社会主义现代化建设中，使之更好地促进生产力的发展。关于国有经济的控制力、影响力和带动力，如果在多元化的产权结构中，国有经济发挥调控力似乎比控制力更好一些。

第二是投资体制改革。为了规范政府投资行为，要改革政府的项目审批制度，建立公开透明的投资决策机制，并鼓励民间投资。

第三是文化体制改革。其重点包括：（1）按公益性和产业性属性，实行分类指导。（2）改革文化管理领导体制，理顺党的宣传部门、政府主管部门与企业的关系。（3）加快文化的立法工作，逐步实行信息公开，使人民有知情权，缓解社会矛盾。（4）关于党委领导和党政分开问题。党的领导主要是政治、思想和组织领导，通过制定宪法和大政方针，提出立法建议，推荐重要干部，进行思想宣传，发挥党组织和党员的作用，坚持依法执政，实施党对国家和社会的领导。如果我们党在这方面有所突破，有所创新，那就在政治体制改革方面迈出了重大步伐。

6月13日，形成了《决定》的初稿。在文件起草过程中，从总体架构到文字的具体表述，起草组成员都进行了认真的沟通和探讨，比如在第二部分“进一步巩固和发展公有制经济，鼓励、支持和引导非公有制经济发展”中的第（5）条中的表述“个体、私营等非公有制经济是促进我国社会生产力发展的重要力量”，原来在重要力量后面还有“和生力军”四个字，后来我提出“重要力量”就可以了，“生力军”就可以不写了，因为在有些领域非公有制经济已经成了主力军了，例如就业问题，五分之四是靠非公有制经济解决的，最后中央就把“生力军”删去了。

时任中共中央总书记胡锦涛同志对《决定》的起草工作十分关心，多次询问文件起草进展情况，并作出许多重要指示。起草组上报的每一稿，胡锦涛同志都逐字逐句地认真审阅，提出了许多指导性意见并做出许多重要修改。其他中共中央政治局常委和中共中央政治局委员也分赴全国各地，进行调查研究，作出许多重要指示，对《决定》的形成做出重要贡献。温家宝同志先后主持起草组全体会议，对《决定》的起草和修改提出了许多具体的指导意见。他反复强调，要着重写未来几年准备办的工作，一时办不了，但必须改革的，要明确改革的方向。他还说，要突出重点，不要面面俱到。文字要精练，用平实的语言，让普通党员和群众看得懂。

6月25日上午，国务院党组举行扩大会议，对《决定》稿进行讨论，提出了具体修改意见。7月4日、31日，胡锦涛同志两次主持召开中共中央政治局常委会会议，对《决定》

稿进行审议。会议充分肯定了《决定》稿的框架结构和主要内容，认为是一个比较成熟的稿子。会议就如何处理好改革发展稳定的关系，如何有步骤、有重点地推进改革，如何把社会主义制度与市场经济体制更好地结合起来，如何在完善市场经济体制的过程中充分发挥政治优势等重大问题，作出了重要指示。8月11日，胡锦涛同志主持召开中共中央政治局会议，审议《决定》稿。会议对初稿给予了充分肯定，提出了需要进一步研究的重大问题。发扬民主，广开言路，集思广益，党的这一优良传统在《决定》的起草过程中得到了发扬光大。

根据中共中央政治局会议决定，8月18日，《决定》征求意见稿下发中央党政军机关和地方100多个单位，广泛征求各方面意见。8月26日，在中南海怀仁堂，胡锦涛同志主持召开党外人士座谈会，就《决定》征求意见稿听取各民主党派中央、全国工商联负责人和无党派人士的意见和建议。9月5日，温家宝同志在国务院召开经济专家座谈会，听取意见。文件起草小组还邀请专家、学者、企业负责人和有关部门负责同志，举行10多场座谈会；20多个部委围绕产权制度、国有资产管理监督、农村土地制度、社会信用体系等问题，展开历时2个月的专题调研，形成一批极具参考价值的专题报告。至9月4日，起草组共收到各类意见、建议1700多条。起草组经过分类汇总，慎重研究，对全部意见、建议逐条提出了处理建议，在报全体会议审议后，对《决定》稿进行认真修改。

9月18日、29日，胡锦涛同志分别主持中共中央政治局常委会会议和中共中央政治局会议，对修改后的《决定》稿再次进行讨论。起草组随即根据会议精神再次修改，形成了《决定》讨论稿。10月11日，十六届三中全会在北京举行。全会安排3个半天，对《决定》讨论稿进行讨论。温家宝同志就讨论稿向全会做了说明。12日晚和13日下午，起草组连续召开全体会议，汇总全会各小组的意见、建议，对讨论稿做进一步修改。13日晚，胡锦涛同志主持中共中央政治局常委会会议，对修改后的讨论稿进行审议。14日上午，根据当天上午全会的讨论情况，起草组争分夺秒，对讨论稿又进行一次修改，形成《决定（草案）》。从11日到14日，出席全会的中央委员、候补委员和列席会议的有关同志提出的意见和建议，涉及粮食生产、扶贫开发、安全生产、科技教育等多个方面。起草组据此对《决定》稿进行了认真修改。14日下午，经过反复修改后的《中共中央关于完善社会主义市场经济体制若干问题的决定》，获得全会的一致通过。

这次《决定》有几个重要突破。一个是明确提出股份制是公有制的有效实现形式，这是一个很大的进步。强调建立“归属清晰”的现代产权制度，产权是所有制的核心和主要内容；非公有制经济是促进我国社会生产力发展的“重要力量”。还有一个，也是最重要的，是提出科学发展观的思想。《决定》提出：“坚持以人为本，树立全面、协调、可持续的发展观，促进经济社会和人的全面发展。”那么，到底是“以人为本”还是“以民为本”？这是有争论的。我是主张提“以民为本”的。我说，中华人民共和国是人民共和国，不是“中华人共和国”，中央人民政府是人民政府，不是“中央人政府”，“三个代表”核心是代表最广大人民的根本利益。所以，我说“以民为本”。在我讲这个问题时，温家宝同志补充说，孟子说过“民为贵，社稷次之，君为轻”。讨论中，郑必坚同志提出，“以民为本”带有一点政治内容，因为有的不是“民”啊！没有政治权利，没有选举权。干脆扩大到“人”，以人为本。[①]实际上，当时讨论的时候，觉得两个提法内容是一样的，只是范围问题，后来用了“以人为本”。

四 我在两次起草小组会议上的发言

我在2003年4月23日和6月9日两次文件起草小组会议上的发言，是经过认真思考的，也是经得起历史考验的。

2003年4月23日，我提出“改革是无止境、完善是无止境”的观点，并从理论和时间上来论证这个观点，因此，党的十八大报告就不再提到2020年要建成完善的社会主义市场经济体制。

2003年6月9日，我提出要明确公有制为主体的内涵问题。公有制为主体不能光从数量上来理解，所有制的理论也应创新。为了避免争论，建议把“公有制为主体”，完善为“公有制为主导”或“国有经济为主导”。

发展你中有我、我中有你的混合所有制经济，不能用传统的思维方式对待公有制经济和非公有制经济。现在，要使

① 高尚全、萧冬连、鲁利玲：《亲历中央若干重要改革文件的起草过程》，《中共党史研究》2018年第6期。

两股道变成一股道，两股绳变成一股劲，你中有我，我中有你，统一于社会主义现代化建设中，使之更好地促进生产力的发展。关于国有经济的控制力、影响力和带动力，如果在多元化的产权结构中，国有经济发挥调控力似乎比控制力更好一些。

十六届三中全会《决定》原稿中提出“非公有制经济是促进我国社会生产力发展的重要力量和生力军”，我建议将“生力军”删去，因为在有些领域非公有制经济已经成了主力军了，例如就业问题，五分之四是靠非公有制经济解决的，最后中央就把“生力军”删掉了。

原稿提法为“市场在国家宏观调控下对资源配置起基础性作用”。我提出几个问题：国家宏观调控是作为对资源配置的前提条件，还是属于市场经济的重要内容？原来的这个表述字面理解应为前提，但从理论上讲，宏观调控本应是市场经济的一个内容。其他疑问还包括宏观调控是资源在市场配置的基础上发挥政府的作用，还是资源在政府作用下发挥市场的作用？资源配置的主体是政府还是市场？是政府主导还是市场主导？原有的定义均无法厘清这些问题，而这些问题一旦搞错，社会主义市场经济就有可能沦为计划经济的翻版。因此，我提出的这个建议受到主持中央文件起草工作的温家宝同志的重视，十六届三中全会的《决定》最终采纳了我的建议，确立了“更大程度地发挥市场在资源配置中的基础性作用”这一表述。

五 人民本位论和政府自我改革论的提出

我于2001年提出了“民本经济论”。2005年9月，《民本经济论》一书出版，主要内容涵盖了民本经济和政府改革，还收录了2001年以来我在经济体制改革领域的其他主要研究成果。

民本经济就是以民为本，民有、民营、民享的经济，也就是老百姓经济。努力探索一切符合“三个有利于”的所有制实现形式。

中国特色社会主义，是把人民的利益和人的全面发展作为最高准则的社会主义，是使人民得到实惠，逐步实现共同富裕的社会主义，是马克思主义与中国实践相结合的社会主义。江泽民同志“三个代表”重要思想的核心，是代表广大人民的根本利益。胡锦涛同志提出，权为民所用，情为民所系，利为民所谋。一切为了人民，一切依靠人民。在这个意义上说，中国特色社会主义也就是人民社会主义。社会主义的本义不是说国家权力有多大，国有企业有多少，国有经济的比重有多高。社会主义的本义是以民为本，以社会为本。那种国家控制全部资源，国家包办所有企业，国家作为创造财富的主体，总之是以国家为本的社会主义，以往的历史已作出了结论。国家社会主义，就是要通过国家的力量把企业和托拉斯国有化。德国拉萨尔曾鼓吹国家社会主义。恩格斯曾对这样的所谓社会主义做过深刻的批判：“自从俾斯麦致力于国有化以来，出现了一种冒牌的社会主义，它有时甚至堕落为一种十足的奴才习气。”[①]

我经常讲这两句话：人民群众是创造财富的主体。政府是创造环境的主体。人民创造财富多了，政府的税收也就多了，就有财力为人民提供更多的公共产品和公共服务，这样就进入良性循环。

以人民为主体，首先表现为人民是创造财富的主体，而人民要成为创造财富的主体。马克思提出，要重建个人所有制。我理解的重建个人所有制，是必须承认人民是建设社会主义的主体。社会主义必须使生产资料、生产要素同人民的劳动直接结合起来。这样，才能使人民群众的积极性、创造性充分发挥出来，才能使财富的源泉充分涌流出来，才能使人民群众富裕起来，才能使国家繁荣富强起来。这一切都必然要求有完善的法治来保障。如《物权法》就是要保护人民的产权。不管是富人的还是穷人的合法财产都要保护，合法财产为什么不保护？至于不合法的财产，如靠逃税、受贿等非法途径得来的财产，自然有法律来制裁。人民财产必须保护，若不保护，第一资本会外流，第二会挥霍浪费，第三会丧失创造财富的动力。

坚持公有制为主体，多种所有制经济共同发展，这是我们必须坚持的一项基本经济制度。我所提出的民本经济，就是以民为本，民有、民营、民享的经济，也就是老百姓经济。这种经济它可以使“你要我干”变成“我要干”，能使人民群众的积极性、内在动力和创造力充分激发出来。国

① 马克思、恩格斯：《马克思恩格斯全集》第19卷，人民出版社，1963，第239页。

有经济与民本经济相互补充，相互促进。关键是政府要做人民利益的维护者。维护人民利益，首先是维护人民创造的财富。财富的合理分配、深化收入分配改革，是实现社会公平的重要手段。财富的有效创造是前提，财富的创造、财富的分配两面都要重视。对财富的创造如何保护，在这方面的经验和制度安排都很不够。所以，要加快《物权法》的制定。

人民是建设社会主义的主体，是落实科学发展观的主体，是构建和谐社会的主体，是创造财富的主体。

2001年，我就浙江省发展情况在当地进行深入的调研。浙江省号称“一多三少”，即人多、地少、资源少、国家投入少。1978年浙江省GDP占全国经济总量不足4%，人均GDP在全国排第15位，可是就是这么一个“一多三少”的浙江省，在改革开放后经济迅速崛起，发展成为一个经济大省。全省GDP、人均GDP、外贸出口总额和城镇居民人均可支配收入等均居全国第4位，农村居民人均纯收入居全国第3位，城市居民人均可支配收入比全国平均水平高约1/3。和其他沿海地区相比，浙江省没有得到更多的优惠政策，也没有政府的资金支持，这让人们十分好奇其经济迅速发展的原因。调研结果发现，其中一个重要原因是浙江人民对创业致富的积极性很高，人民蕴藏的积极性、创造性被调动起来了，整个浙江经济充满了旺盛的生机和活力。我从浙江总结了“五千精神”——千辛万苦去创业，千方百计来经营，千家万户搞生产，千山万水找市场，千头万绪抓根本。我们要大力发扬“五千精神”。

与“民本经济”的主张相对应，2001年以来，我投入极大精力来研究政府行政管理体制改革并提出“政府改革”，这与“民本经济”的主张一脉相承，甚至是一枚硬币之两面。政府改革搞好了，可以促进民本经济的发展，发展民本经济必然要求政府改革；民本经济搞上去了，政府改革也就有了条件，政府改革必须顺应民本经济的要求。

改革开放以来，政府一直是改革的推动者、设计者，现在，改了一圈，改回来，要政府自己改自己了。我认为，所谓“入世”，主要是政府要“入世”。国有企业改革、金融改革为何难有突破？阻力都是来自政府转型的滞后。政府改革已成为改革的焦点。

我认为改革的难点、切入点和攻坚点应该是在以人民为本的科学发展观的指导下，以公共服务体制建设为重点的政府的转型。政府转型的基本趋势是公共服务职能不断发展并成为核心职能；必须把维护公平正义作为基本价值取向；从经济建设型政府向公共服务型、社会管理型政府转变；建立有效的权力制约与监督制度是政府转型的关键。

2004年6月，我在给中央的《对“十一五”规划的几点意见》中提了七条意见，其中一条是建议把政府改革作为整个改革的中心环节。这份呈送给中央高层的建议书指出，从宏观调控的背景来看，经济过热，投资冲动，谁在冲动？是政府。为什么政府冲动？因为要有政绩。投资冲动一个是靠银行贷款，一个靠批地（土地收入是地方财政的重要来源）。如果政府不改革，包括干部制度、考核制度不改革，整个改革就会受到影响。另外，国有大企业改革滞后，金融改革滞后，与政府改革不到位也是分不开的。

2005年2月25日，国务院常务会议邀请了9位经济、社会方面的专家，为《政府工作报告》提意见。我是其中之一。2004年1—10月，国有企业的利润就达4000多亿元，那时候不少人有一种错觉，认为国有企业已经很好了，不需要改革了。我认为国有企业改革仍然是重点，但应当把改革的中心环节转到政府改革层面，因为政府改革可以带动其他方面改革。后来《政府工作报告》修改时接受了这个建议。

政府改革的难度可想而知，但再难也要改。在论述政府改革的必要性时，我首次提出：正确处理好市场与政府的关系，关键是解决好政府的“越位”“缺位”和“错位”问题。“越位”就是政府干了市场能干的事，既是裁判员，也是运动员，担当投资主体，干预微观管理；“缺位”就是政府公共服务职能没有很好发挥，有权有利的部分抓得很紧，而服务职能不够，责任意识不强。“越位”的要“让位”，“缺位”的要“补位”。

我提出关于如何建设服务型政府的建议，提出“解决一个矛盾，搞好两个服务，创新三个理念”。

解决一个矛盾，就是我国在经济社会发展中面临的主要矛盾是公共需求的全面、快速增长与公共产品供应严重不足的矛盾。这个矛盾如果处理不当，必将影响经济社会发展、人民生活水平提高和社会稳定。因此，政府必须扩大和强化公共服务职能，把主要精力和财力集中到发展社会事业和扩大公共产品供给上来，切实解决好民生问题。

搞好两个服务，一是政府职能应转到为市场主体创造平等竞争环境和提供服务上来。二是政府职能应转到为人的生存和发展创造良好、和谐、可持续的环境和提供服务上来。

创新三个理念，一是坚持人民群众是创造财富的主体的理念。政府是创造环境的主体，应把实现人民利益最大化作为改革和发展的最终目的，使全体人民共享改革发展的成果。二是坚持“非禁即入”的理念。从“允许性”理念转变到“禁止性”理念，是政府转型的重要突破口。“非禁即入”的理念扩大了创新空间。三是坚持依法行政的理念。首先，确立政府只能做法律（法规）规定的事情的理念，减少以至消除政府行为的随意性。依法行政是规范政府行为的前提和基础。当前，应特别重视界定行政立法主体的立法权限和约束条件，防止个别部门以“法”扩权或越权谋取集团利益。其次，明确政府的公共职能，解决转型中的政府“越位”“缺位”“错位”问题，大力减少直接干预微观经济活动的行为，强化公共产品供给和服务，完善社会保障的基础平台，建立健全对贫困地区和贫困人口的转移支付制度。再次，完善政府行为的监督机制。政府公共权力的行使要透明，形成政务公开的制度性框架，发挥审计、监察部门、媒体和人民群众的监督作用。

这个建议受到国务院领导的重视和批示，并转请改革司、投资司、规划司、中小企业司阅研。

六 完善战略性新兴产业政策将财政补贴改为股权投资的建议

2010年，在中央制定了关于“十二五”规划的建议之后，经济结构的战略性调整已经成为各地经济发展进程中的重要任务。广东也非常重视转变经济发展方式的工作，“十二五”期间将安排100亿元财政资金扶持战略性新兴产业。针对如何使用好这笔财政资金，我在做了一些研究之后向时任广东省委书记汪洋同志提出了把此项财政补贴变为股权投资的建议。我在建议当中指出：

第一，转变经济发展方式离不开财政金融体制创新。战略性新兴产业是先导性、支柱性产业，现在的扶持方式以财政补贴为主，将财政资金直接、无偿地支付给扶持项目，难以发挥调动社会资金四两拨千斤的作用。

第二，股权投资方式有利于加快战略性新兴产业发展。把财政补贴变成股权投资，重要的是引入了市场机制和市场规则，把条块分割变成统一运作，把无偿补贴变成投资入股。政府资金通过股权投资成了各个项目的股权，不仅负责投入，更会关心产出；不仅支持了新兴产业的发展，也可以取得政策允许的投资回报。

第三，抓住机遇，先行先试。财政补贴转为股权投资，推动产业转型升级，国家是鼓励的。广东是改革开放的前沿，思想解放，基础比较好，在体制机制上做一些创新是有条件的，战略性新兴产业也比较符合股权投资的要求。如果广东能够把握时机，在战略性新兴产业上先行先试，相信也会对推动其他地方和其他领域的改革产生积极影响。

此外，我还提出了具体操作性的建议，主要包括在省一级设立统一的战略新兴产业股权投资平台，成立理事会，参照全国社保基金的方式管理；在理事会的领导下，扶持资金委托给专业的投资机构去管理；同时建立高端研究平台，以适应战略性新兴产业的培育成长，并为引进高端人才开展相关研究，对理事会决策提供支持和便利。

建议提出后，受到汪洋同志的高度重视。他专门将这份建议批转给了时任广东省省长朱小丹同志组织研究。广东后来成立了诸多高新技术产业基金，其中的佼佼者大多有财政资金的参与，有力带动了广东高新技术企业的发展，有效推动了广东经济发展动力的转型升级。

陆

二〇一〇年以来：新时代全面深化改革

一 调整外汇储备结构和加快改革外汇管理体制

截至2010年底，我国外汇储备达28473亿美元，当年增加4481亿美元，其中第四季度增加1990亿美元。我国外汇储备连续多年保持世界第一，一方面显示了我国的经济实力，同时也存在着系统性风险。我国外汇储备结构不合理的主要表现是美元资产多、黄金储备少。我国外汇储备中美元资产约占70%，欧元、日元、英镑分别为15%、10%和5%。据2010年9月统计，我国黄金储备为1054吨，占我国外汇储备的1.5%；美国为8133吨，占美国外汇储备的72.1%；德国为3456吨，占德国外汇储备的66.2%；法国为2451吨，占法国外汇储备的65.7%。我国黄金储备在外汇储备中的比重，不仅远远低于发达国家，而且也低于一些发展中国家。

外汇储备结构不合理造成的风险和损失很大。我在建议中算了三笔账：

一是美元贬值造成的损失。

美元兑人民币汇率已由2008年的8.27变为目前的6.6，美元贬值接近20%。如果按照目前的外汇储备和汇率计算，损失达3.69万亿人民币。

二是未增持黄金的损失。

如果黄金储备占外汇储备的比重为10%，则我国由于未增持黄金而造成的损失达1252亿美元。黄金价格持续上升，前年（2009年）是每盎司900多美元，现在已接近每盎司1400美元。

三是以通胀率和美国国债收益率为基础的外汇损失。

我国外汇投资的重点是美国国债，2010年4月我国持有的美国国债达9000亿美元，这些投资虽可取得名义收入，但无法抵消国内通胀产生的损失。据统计，2004—2009年间，仅有2006年和2009年这两年美国国债收益率高于国内通胀率。

另外，我国持有两房债券3700亿美元，短期美国国债3000亿美元，美国次级债2000亿美元。

2005年底，我国外汇储备为8188亿美元，五年来外汇储备增长了247%。随着人民币升值预期，发达国家经济体量化宽松政策的实施，2011年资本将继续流入我国，外汇储备将继续快速增长。

对此，我再次提出建议：

第一，建议由发改委、国资委、财政部、人民银行、外管局等部门共同参与，组织专题小组，着力要研究：

（1）根据当前的需要，立即修改有关法律法规。

（2）研究打通外汇资金向产业界转移的通道，在外汇储备管理使用方式上实现重大转变：在操作的视野上，由局部的一个金融部门的技术性操作转向国家层面上的战略性操作。

第二，外汇储备的管理使用，应着眼于我国经济发展战略的需要，做到“以我为主，为我所用”，其方向为：

（1）应对国际结算。约占外汇储备的40%，估计1万亿美元左右仍由外汇管理局使用管理。其余1.8万亿美元由国库专项使用。

（2）增加黄金储备。建议黄金储备占外汇储备的15%左右，约7500吨。

（3）进口民生急需、严重供不应求的商品，以抑制通胀，改善民生。

（4）以外汇储备为基础发行国际版的人民币或叫“中元”，并向发展中国家发放贷款，支持他们购买中国产品，为人民币国际化积极创造条件。

建议提出后，温家宝同志于2011年1月24日批转给了王岐山同志，并要求尤权同志或秘书局负责同志把国务院最近研究外汇管理和使用问题的有关情况与我沟通。王岐山同志于次日批示按总理要求办并将与我沟通情况简要汇报。

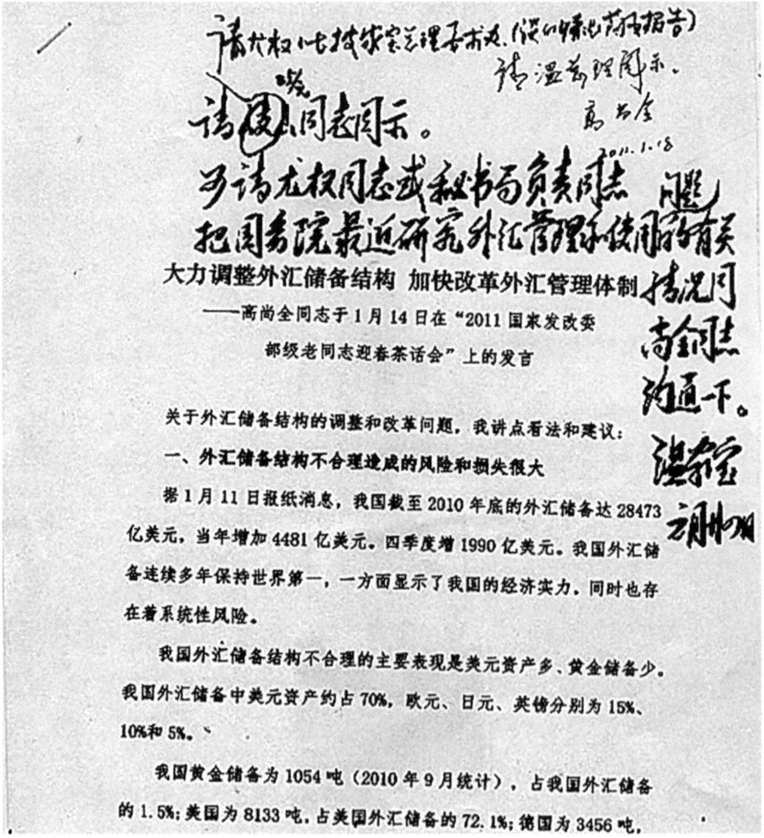
请岐山同志阅示。另请尤权同志或秘书局负责同志把国务院最近研究外汇管理和使用问题的有关情况同高尚全同志沟通一下。温家宝

请温总理阅示。
高尚全
2011.1.18

大力调整外汇储备结构 加快改革外汇管理体制

——高尚全同志于1月14日在“2011国家发改委部级老同志迎春茶话会”上的发言

关于外汇储备结构的调整和改革问题，我讲点看法和建议：

一、外汇储备结构不合理造成的风险和损失很大

据1月11日报纸消息，我国截至2010年底的外汇储备达28473亿美元，当年增加4481亿美元。四季度增1990亿美元。我国外汇储备连续多年保持世界第一，一方面显示了我国的经济实力，同时也存在着系统性风险。

我国外汇储备结构不合理的主要表现是美元资产多、黄金储备少。我国外汇储备中美元资产约占70%，欧元、日元、英镑分别为15%、10%和5%。

我国黄金储备为1054吨（2010年9月统计），占我国外汇储备的1.5%；美国为8133吨，占美国外汇储备的72.1%；德国为3456吨，

温家宝同志批示复印件

二 “三创”可以改变中国

2015年，大众创业、万众创新的热潮席卷全国。多年来，我一直提倡要发挥“创业、创新、创牌”的“三创”精神。经过深入的思考，我于2015年2月向国家发改委领导提出了“三创”可以改变中国的建议。我在建议中指出：

第一，创业是基础、创新是关键、创牌是目标。创业是创新和创牌的基础，没有创业，创新和创牌就成了无源之水、无本之木。创新是一场革命，也是发展和成功的关键。品牌是企业成功的标志，创牌是企业努力的目标。

第二，增强创新能力，是“三创”的关键。如何搞好“三创”，关键是增强创新能力。深圳华为公司创始人从2.1万元人民币开始创业，20多年来，经过不断创新、创牌，华为已成为全国最大的民营高科技企业，立足于世界的领先企业。之所以能够取得成功，是因为华为坚持了“以奋斗者为本” 的理念，这就为华为创新打下了坚实的基础。华为实行了员工和客户利益分享制度，走出了一条所有制的新路，为调动创新积极性打下了产权基础。此外，华为的创新驱动和巨额的高科技投入，是成为世界领先企业的重要因素。

第三，政府在创新过程中发挥更好的作用。“创业、创新、创牌”虽然是老百姓自己的事，是市场的行为，但是政府必须要为“创业、创新、创牌”创造良好的制度环境、司法环境。李克强总理在当年“两会”答记者问时指出：“大众创业、万众创新，实际上是一个改革。”他还具体提到了

“简政放权、商事制度改革”对市场的激发促进作用。政府通过清障放权换来市场的活力，用减法换取乘法。他十分明确地指出，“市场活力的激发需要政府去清障搭台”。

“三创”是跟调结构等一系列重要的改革议题密切相关的，《政府工作报告》中已经提到，2014年度“着力培育新的增长点，促进服务业加快发展，支持发展移动互联网、集成电路、高端装备制造、新能源汽车等战略性新兴产业，互联网金融异军突起，电子商务、物流快递等新业态快速成长，众多‘创客’脱颖而出，文化创意产业蓬勃发展。同时，继续化解过剩产能，钢铁、水泥等15个重点行业淘汰落后产能年度任务如期完成”。由此可见，“创业、创新、创牌”对国家、社会的重大意义，政府必须予以鼓励和支持。

在“三创”过程中，从更广泛的“政府”的角度来讲，还需要提供良好的司法环境。因为创新、创牌的基础是有效的知识产权保护体系，创业的基础是能够剔除不正当的垄断和市场竞争，这都需要一个公正的司法体系的保障。尤其是在互联网时代，基于网络的各种创新层出不穷，但是也带来了专利保护的挑战。如果没有有效的专利保障，一些已经成长起来的大型网络企业利用其海量用户和资金优势很可能把市场上所有刚刚崭露头角的创新、创意都迅速抄袭、抢占，这就扼杀了创新的动力。在此情况下，《反垄断法》和《反不正当竞争法》在互联网创新领域的适用性就显得极为重要，对专利保护争议的专业处断也成为重要议题。中央全面深化改革领导小组第三次会议审议通过了《关于司法体制改革试点若干问题的框架意见》和《关于设立知识产权法院的方案》，为“创业、创新、创牌”提供了强有力的司法保障。

李克强总理指出，国家的繁荣在于人民创造力的发挥，经济的活力也来自就业、创业和消费的多样性。人民是创造财富的主体，政府是创造环境的主体，在“创业、创新、创牌”的浪潮中，政府可以而且应当为创造财富的主体提供最理想的环境。但是，政府要创造适宜“三创”的环境还需要政府本身运作模式和管理方式的创新，简单地说就是要创新政府。

建议上报后，时任国家发改委主任徐绍史同志批示：“衷心感谢高老的关心和支持，‘三创’很有见地，也很重要。请念修同志阅研。”国家发改委副主任林念修同志则批示要求：“请高新技术司认真学习研究，并经常向高老请教。” 国家发改委高新技术司专门派人来，向我报告了发改委关于创新驱动改革文件、加大重大科技基础设施建设、提升企业自主创新能力、设立新兴产业创投引导基金以及支持新一代信息技术、新能源、新材料、生物医药、航空航天等战略性新兴产业的主要工作方法和工作体会，介绍了有关“双创”、大数据发展纲要等最新工作进展情况，还与我交流了改革的思路和方向。

三 对节能环保的建议

在经济社会实现较快发展的同时，保护环境、实现可持续发展越来越成为社会关注的中心议题。其中，发展绿色节能产业更成为转变经济发展方式、调整经济结构的重要途径，也是世界各国在后危机时期推进经济复苏和应对气候变化的基本共识和重要手段。

我主张经济发展要秉承科学发展观，不能以消耗环境为代价获取短期经济效益，发展经济的同时，要考虑环境、资源的承受能力，实现可持续发展。节能环保不仅涉及经济、政治、文化、社会等领域，而且涉及人们思想观念、生活方式以及消费方式的变革。政府应加快职能转变，成为发展低碳经济的主要推动者、政策提供者和监管者。

2011年，我指导研究团队在进行节能减排课题研究时，对中国节能环保集团通过兼并整合高新技术企业、掌控世界级核心技术、推进合同能源管理的案例进行了专题调研。在总结案例经验基础上，就在节能环保领域打造产业航母，以“大企业、大资金、大市场+高新技术”的“三大一高”模式，大规模推进合同能源管理，提速国家节能减排进程，向中央提出建议：

一是战略性注资，培育大企业。建议国家对节能环保等战略性新兴产业加大资本金投入，国资委、财政部、外汇管理部门等共同加大本外币资本金支持力度，打造产业航母。

二是政府牵头，创造大市场。建议借鉴我国香港地区、新加坡的做法，由国家发改委、环保部牵头，对各系统、各地区进行能耗普查，凡超标者均列入改造计划，为合同能源管理创造大市场。

三是金融支持，提供大资金。建议国家开发银行等金融机构大力提供优惠信贷支持；有关部门优先安排优秀节能服务公司海内外上市融资，以大资金推动节能减排大发展。

四是使用外汇储备，收购高新技术，开拓国际市场。建议外管局、中投、中信等使用国家外汇储备装备有国际竞争力的节能企业，支持它们在国际上收购、整合世界一流技术、人才和企业，开拓国际能源合同管理市场。

我的建议经过时任国务院总理温家宝同志的批示，得到有关部门的高度重视，国家发改委有意选择部分地区进行试点推进。

四 建言党的十八大

党的十八大是在中国改革进程的关键节点上召开的重要会议。一方面，这次会议将形成党中央新的领导集体，这对奉行民主集中制的中国共产党来说，是一次重要的新老领导集体交替的标志性会议；另一方面，改革已经到了啃“硬骨头”的新阶段，到了必须直面既得利益调整的攻坚克难阶段。改革要攻坚克难，必须在坚持社会主义市场经济改革方向的基础上，进一步解放思想，改革创新。

为此，2012年5月党的十八大召开前夕，我向中央提交了关于党的十八大报告的建议。内容如下：

第一，确保市场在资源配置中发挥基础性作用。

自党的十四大提出我国经济体制改革的目标是建立社会主义市场经济体制以来，我党对社会主义市场经济的认识和把握不断提高。

党中央对坚持社会主义市场经济的改革方向是明确而坚定的。胡锦涛同志在2006年3月参加全国人大会议上海代表团审议、在2010年深圳经济特区建立30周年庆祝大会上的讲话和在2011年庆祝中国共产党成立90周年大会上的讲话中，三次强调要坚持社会主义市场经济的改革方向不动摇。

社会主义市场经济就是在社会主义条件下实行市场经济。具体说，就是在坚持社会主义制度和党的领导下实行市场经济，也就是说要通过市场配置资源，发挥市场的基础性作用，要实现从计划经济向社会主义市场经济的转变。因此，市场经济的规律，如价值规律等必须遵循，不能因为中国特色就不遵循这些规律。

目前，虽然极“左”思潮受到其他事件的影响一度偃旗息鼓，但是所谓的“中国模式”“国家资本主义”等，行政过度干预市场仍然影响整个社会主义市场经济体制的发展完善。“中国模式”之所以引起争论，就是因为所谓“中国模式”强调政府行政主导，而且用模式固化下来，这样不利于深化改革。所谓“国家资本主义”，就是将“国家资本”用“主义”进行强化，显然是与社会主义市场经济的改革方向背道而驰的。

30多年来，我国取得的举世瞩目的成就，主要是依靠改革开放、依靠市场在资源配置中作用的不断扩大而取得的。而现在我们的经济社会面临的诸多问题又与市场不能充分地在资源配置中发挥基础性作用密切相关。目前实体经济困难、收入分配不公、内需消费不足、官员腐败等问题逐渐暴露乃至影响民生、引发民怨。种种情况表明，社会主义市场经济体制的改革和完善仍有很长的路要走。改革必须要尽快在关键领域取得突破，根本在于要确保市场在资源配置中发挥基础性作用。

确保市场在资源配置中发挥基础性作用，必须严格约束行政权力对市场的过度干预。但是由于体制，缺乏制衡的行政权力在市场领域的扩张倾向很难得到遏制，“中国模式”和“国家资本主义”的论调更为这种行政权力的畸形扩张提供似是而非的理由，这些杂音极有可能拖累改革的进程。因此，在加强改革顶层设计的同时，中央有必要在十八大文件中重申坚持市场化的改革方向不动摇、坚持发挥市场在资源配置中的基础性作用。

第二，党的执政基础在于“三个民”。

国有经济如何定位，目前争议较大，迫切期望党的十八大有个定论。有些人认为，国有经济是我们党的执政基础。按照这个“基础论”定位，国有经济就只能进、不能退，因为进才能加强中国共产党的执政基础，退就削弱中国共产党的执政基础。

从历史的实践来看，这种“基础论”也是站不住脚的。记得2003年4月23日我在参加《中共中央关于完善社会主义市场经济体制若干问题的决定》文件起草小组全体会议上发言时提出：一是苏联垮台的时候，一统天下的国有经济为什么没有支持苏共继续执政，为什么没有支持苏联社会主义制度继续下去？二是20世纪70年代初，一些发达资本主义国家国有经济比重都是比较高的，英国为29%，法国为33%，意大利为30%，联邦德国为30%，日本于1980年初达35%，但那个时代，没有一个人说它们是搞社会主义。三是我国浙江的现象，浙江地处沿海，国家投资少，当然国有经济比重低了。虽然国有经济比重较低，但是经济发展很快，老百姓的富裕程度很高，社会很稳定，因为大家都忙于创业。四是越南的国有经济比重比我们低得多，但没有人说它不是社会主义国家。

国有经济到底为了什么？不能为了国有企业而国有企业。恩格斯曾说过："自从俾斯麦致力于国有化以来，出现了一种冒牌的社会主义，它有时甚至堕落为一种十足的奴才习气，直截了当地把任何一种国有化，甚至俾斯麦的国有化，都说成社会主义的。显然，如果烟草国营是社会主义的，那么拿破仑和梅特涅就应该算是社会主义的创始人了。"他指出："俾斯麦并非考虑经济上的必要性，而只是为了使铁路能够更好地适用于战时，只是为了把铁路官员训练成政府的投票家畜，主要是为了取得一种不依赖于议会决定的新的收入来源而把普鲁士的铁路干线收归国有，这无论如何不是社会主义的步骤，既不是直接的，也不是间接的，既不是自觉的，也不是不自觉的。否则，皇家海外贸易公司、皇家陶瓷厂，甚至陆军被服厂，以致在30年代弗里德里希-威廉三世时期由一个聪明人一本正经地建议过的妓院国营，也都是社会主义的设施了。"[①]但时至今日，仍有人认为，国有化就是社会主义，包括奥巴马采取国有化的措施以

① 马克思、恩格斯：《马克思恩格斯全集》第19卷，人民出版社，1963，第239页。

后，就说奥巴马也要搞社会主义了，简单地把国有化和社会主义等同起来，为什么有这种想法呢？因为在理念上还没有解决好。

国内外的实践经验证明：共产党的执政基础不在于国有经济比重高低，而根本在于“三个民”：民心、民生、民意。民心是核心，“得民心者得天下”，古今中外都说明这个道理；为了得民心，必须把民生搞上去，使老百姓分享改革发展的成果；为了得民心，就要尊重民意，使老百姓有话语权，有参与权，有监督权，有尊严。

第三，充分发挥国有经济的主导作用，使股份制成为公有制的主要实现形式。

改革开放以来，党制定的路线和方针政策是正确的，必须坚定不移地坚持下去，不能动摇，必须继续排除极“左”思潮的干扰和影响。有人说，现在出现了“公降私升”的趋势，突破了公有制为主体的底线，如果这样发展下去，有重蹈苏东覆辙的危险，所以必须抓阶级斗争。有人整天计算公有制经济在经济总量中的比重，低于50%就认为公有制不占主体地位了，就不是搞社会主义了。甚至说什么“现在不是要提高执政能力的问题，而是要纠正路线问题，中国走了一条资本主义复辟的道路”。其实，党的十五大明确提出：“国有经济的主导作用，主要体现在控制力上”“只要国家控制国民经济命脉，国有经济的控制力和竞争力得到了增强，在这个前提下，国有经济比重减少一些，不会影响我国的社会主义性质”。

党的十六届三中全会通过的《中共中央关于完善社会

主义市场经济体制若干问题的决定》提出："加快推进和完善垄断行业改革，对垄断行业要放宽准入标准，引入竞争机制。有条件的企业要积极推行投资主体多元化。"但有人却认为我国绝大部分行业已经形成竞争格局，90%以上的国有企业处于竞争性领域，对在我国经济生活中大量存在的垄断经营、垄断利润和不平等的现象熟视无睹，这种情况不改变，势必严重影响改革的深化。

我们要改变用传统的思维方式对待公有制经济和非公有制经济的发展，公有制经济和非公有制经济在两股道上运行，甚至把两者对立起来。要使两股道变成一股道，你中有我，我中有你，统一于社会主义现代化建设中，使之更好地促进社会生产力的发展。为了推进公有制的多种有效实现形式，十六届三中全会明确提出："要适应经济市场化不断发展的趋势，进一步增强公有制经济的活力，大力发展国有资本、集体资本和非公有制资本参股的混合所有制经济，实现投资主体多元化，使股份制成为公有制的主要实现形式。"要知道，发展混合所有制经济，国有资本有进有退、合理流动不是搞私有化，正如党的十五大报告所说："一切符合'三个有利于'的所有制形式都可以而且应该用来为社会主义服务。"

我们不能从数量、比重上理解公有制的主体地位，应着眼于功能、影响力、控制力理解国有经济的主导作用。为了避免争论，促进社会生产力发展，我建议：必须完善、发展基本经济制度的内涵，把原来的"公有制为主体"，修改完善为"国有经济为主导"。强调国有经济的主导作用，符合我国的实际，是改革发展的需要，也是时代的需要。

中央对我的建议很重视，温家宝同志于2012年5月17日批转给了胡锦涛、习近平、李克强等中央领导同志阅示。李克强同志于5月16日批示："请张平同志阅研。" 胡锦涛同志和习近平同志于5月18日圈阅。一个建议，几位中央领导同志在3天之内完成批转过程，这是在改革历史上少有的。党的十八大报告明确了坚持社会主义市场经济的改革方向，并特别就民本问题指出："必须更加自觉地把以人为本作为深入贯彻落实科学发展观的核心立场，始终把实现好、维护好、发展好最广大人民根本利益作为党和国家一切工作的出发点和落脚点，尊重人民首创精神，保障人民各项权益，不断在实现发展成果由人民共享、促进人的全面发展上取得新成效。"

五 两次建言十八届三中全会

按照以往的经验，党的三中全会是中央对改革发展作出重要部署的会议。2013年，党的十八届三中全会召开前夕，国内外都十分关注此次会议的主题。我于2013年5月向中央提出了《关于十八届三中全会主题的建议》。我指出，我国改革正处于深水区和关键阶段，党的十八大和习近平总书记都十分强调改革，怎样全面深化改革，迫切需要党中央作出全面部署。过去30多年来，平均每10年中央作出一个改革的决定。从2003年到现在，又是一个10年，正是中央作出新的改革决定的时候了。为此，我提出如下几点建议：

第一，十八届三中全会决定的名称。

中共中央关于全面深化改革的决定。

第二，决定的主要内容。

根据社会主义现代化和中华民族伟大复兴这个总任务和全面建成小康社会的目标，推进全面深化改革，这是新时期改革的重要特点。全面深化改革，涉及的不仅是经济体制改革，而且包括政治体制、文化体制、社会体制、生态文明体制改革“五位一体”的改革。在决定中对政治体制改革、文化体制改革、社会体制改革和生态文明体制改革都要作出部署。比如，政治体制改革，可把建立官员财产公示制度作为突破口推出，为了减少阻力，在操作上可实行三个“率先”：一是新当选或新任命的官员率先公示；二是新任官员中领导干部率先公示；三是财产中不动产率先公示。

全面深化经济体制改革是加快形成新的经济发展方式的关键。重点是：（1）深化农村综合改革和城镇化相关改革；（2）完善基本经济制度；（3）加快转变政府职能；（4）加快收入分配体制改革；（5）健全现代市场体系，完善市场决定价格机制，推进利率和汇率市场化改革，逐步实现人民币资本项目可兑换，更大范围、更广泛地发挥市场在资源配置中的基础性作用；（6）加强和改善宏观调控，健全中央和地方财力与事权相匹配的体制，完善促进基本公共服务市场均等化和主体功能区建设的公共财政体制，形成有利于结构优化、社会公平的税收体制；（7）完善互利共赢、多元平衡的开放体系。

第三，改革的系统性、整体性和协调性。

全面深化改革必须以更大的政治勇气和智慧推进改革，必须加强顶层设计，更加注重改革的系统性、整体性和协调性。

加强改革的统筹协调是全面深化改革的关键。要深入研究全面深化改革的顶层设计和总体规划，明确提出改革总体方案、路线图和时间表。要建立一个统筹全面深化改革的高层次的权威性改革协调机制和工作机构。为此建议成立：中央全面深化改革领导小组，由总书记任组长，国务院总理任副组长，中央和国务院相关负责人组成。下设办公室，负责全面深化改革的协调督查、评估落实。全面深化改革领导小组的重要性不亚于中央财经领导小组，因为它涉及的面更广泛、内容更深刻，要求系统性、整体性和协调性更强。这是在改革的关键时期能否攻坚克难的重要举措。考虑到中央新的财经领导小组刚刚成立，为了不增加新机构，建议可采取两块牌子、一套人马、充实人员的办法，但全面深化改革的名称不能没有，因为财经包含不了政治、文化、社会、生态文明改革。

建议上报后，习近平总书记和李克强总理都予以圈阅，张高丽同志于5月23日作出批复："谢谢尚全同志的关心支持，请起草组研酌。"随后，中央作出的《中共中央关于全面深化改革若干重大问题的决定》全面采纳了我的建议，并成立了以习近平总书记为组长的中央全面深化改革领导小组。中国的改革从此步入了新的阶段。

2013年7月，我再次就中央文件起草方式向中央提出建议。我在建议中提到，在参加起草党的十五大报告时，我曾提过中央文件起草方式的改革建议，在十八届三中全会时，我仍认为有改革的必要，因为有两个问题值得重视：

一是如何进一步发挥智库的作用。我国已建立了不少智库，它们将在改革发展中起到越来越重要的参谋作用。为此，建议中央选择四五个智库，限期其交出全面深化改革的方案。这样可以调动智库的积极性，各智库之间开展竞争，提高智库的学术水平。起草小组和智库两条腿走路，可以丰富中央文件的内容。

二是如何进一步激发广大党员、干部参与改革的积极性。在互联网时代，利用好现代信息工具，又坚持保密的情况下，建议设立一个专门的电子邮箱或者网站，广大党员、干部可以通过这个电子邮箱或网站为改革献计献策，使中央文件起草的过程也是广大干部群众参与的过程，也是形成共识的过程。

除了就中央文件起草方式向中央建言之外，我还向中央一并提交了由中国（海南）改革发展研究院组织研究的课题成果《改革跑赢危机的行动路线（30条建议）》。该课题成果以化解风险和危机为导向的改革攻坚、以理顺政府与市场关系为重点的改革攻坚、以协调利益关系为重点的改革攻坚、以着力解决体制机制性腐败为重点的改革攻坚、把握改革的主动权5个方面为主轴提出了构建公平、可持续的市场经济体制等30条建议。

关于党的十八届三中全会的第二次建议，主要是希望能够增强智库在中央文件起草过程中的参与程度，调动智库的力量。2014年3月，习近平总书记在访问德国时，强调在中德两国成为全方位战略伙伴关系中，加大政府、政党、议会、智库交往。把智库建设提上了国家外交层面，“智库外交”将会成为我国国际交流与合作的“第二轨道”。2014年7月，习近平总书记主持召开经济形势专家座谈会，在讲话中他说，经济形势专家座谈会是落实十八大和十八届三中全会要求加强中国特色新型智库建设、建立健全决策咨询制度这个决策部署的重要体现，希望广大专家学者不断拿出有真知灼见的成果，为中央科学决策建言献策。2014年10月27日，中央全面深化改革领导小组第六次会议审议了《关于加强中国特色新型智库建设的意见》。习近平总书记提出，要从推动科学决策、民主决策，推进国家治理体系和治理能力现代化，增强国家软实力的战略高度，把中国特色新型智库建设作为一项重大而紧迫的任务切实抓好。十八届三中全会之后，中央多次强调要发挥智库的力量。我想，与我这次建议的努力是分不开的。

六 从发挥市场在资源配置中的基础性作用到决定性作用

在党的十八届三中全会上，习近平总书记指出，从党的十四大以来的20多年间，我国社会主义市场经济体制已初步建立。对政府和市场关系，我们一直在根据实践拓展和认识深化寻找新的科学定位。可以看出，我们对政府和市场关系的认识也在不断深化。中央认为对这个问题从理论上做出新的表述，条件已经成熟，应该把市场在资源配置中的“基础性作用”修改为“决定性作用”。习近平总书记在关于《中共中央关于全面深化改革若干重大问题的决定》（以下简称《决定》）的说明中说：“使市场在资源配置中起决定性作用和更好发挥政府作用。”我认为，《决定》提出的使市场在资源配置中起决定性作用，从基础性作用到决定性作用，是十八届三中全会最大的亮点，是解放思想带来的重大突破，是经济体制改革的重大创新，也是下一阶段全面深化改革，尤其是深化经济体制和政治体制改革的工作重心。市场在资源配置中起决定性作用要求我们必须遵守市场经济的一般规律。国内外实践都早已证明，只有充分发挥市场的决定性作用，才能使经济社会获得持续健康发展，对实现“两个一百年”奋斗目标、实现中华民族的伟大复兴都有重大的现实意义和历史意义。随后，我撰文《从基础性作用到决定性作用》对《决定》进行了自己的分析并提出自己的建议：

第一，紧紧围绕发挥市场在资源配置中的决定性作用来深化改革。

《决定》指出，建设统一开放、竞争有序的市场体系，是使市场在资源配置中起决定性作用的基础。必须加快形成企业自主经营、公平竞争，消费者自由选择、自主消费，商品和要素自由流动、平等交换的现代市场体系，着力清除市场壁垒，提高资源配置效率和公平性。就当前阶段而言，“其他力量可以影响和引导资源配置，但决定者不是别的，只有市场。”必须紧紧围绕发挥市场在资源配置中的决定性作用来深化改革，核心是要厘清政府与市场的关系，重点在于进一步夯实市场基础，注重运用市场经济的普遍规律，强化社会主义市场经济的一般特征。具体包括如下几个方面：

（1）发挥市场在资源配置中的决定性作用要求市场资源要素的流转和聚集由市场的价值规律主导，并要剔除其中不良垄断和过度行政管制等人为设置的限制市场资源要素流动的各种障碍。

（2）发挥市场在资源配置中的决定性作用要求市场主体必须符合市场经济的要求。国有企业是我国社会主义市场经济当中制造商品和提供服务并参与市场竞争的重要市场主体。

（3）发挥市场在资源配置中的决定性作用必须准确定位宏观调控。

第二，在市场对配置资源起决定性作用的基础上正确发挥政府的作用。

《决定》指出，经济体制改革是全面深化改革的重点，核心是处理好政府和市场的关系，使市场在资源配置中起决定性作用和更好发挥政府作用。市场决定资源配置，是被人类实践证明的市场经济的一般规律，完善社会主义市场经济，必须遵循这一规律，不遵循这样的规律，轻则造成资源配置的低效率，重则使整体资源错配，导致一个行业乃至一个国家的经济混乱。因此，要正确发挥政府的作用，必须按《决定》要求，切实转变政府职能，减少政府对资源的直接配置，同时加强优化政府的公共服务职能，强化市场监管，维护市场秩序，保障公平竞争，打造服务型和法治型政府。具体包括以下几个方面：

（1）转变政府职能，必须明晰政府与市场的不同职能。

（2）转变政府职能，必须加强政府公共服务。

（3）转变政府职能，必须以建设法治政府为导向，落实放权、限权、分权。

七 加强资本市场支持互联网企业发展力度

2014年，我国著名的电子商务企业阿里巴巴在美国上市，这在国内外都引起很大关注。伴随着互联网和移动互联网的普及，在2014年，互联网企业已经成为推动经济发展乃至引领经济发展潮流的重要力量。中国互联网产业是中国所有产业中少数在技术水平、行业规模和影响力方面都处于世界领先地位的产业。但是，由于政策限制，中国优秀的互联网企业大部分都到美国上市，这实际上是我国资本市场的重大损失。为此，我专门向中央提出了加强资本市场支持互联网企业发展力度的建议，主要内容如下：

第一，中国互联网产业的发展离不开资本市场的极大推动作用。互联网企业在发展过程中，往往处于亏损状态，天使投资（AI）、风险投资（VC）、私募股权投资（PE）和首次公开上市（IPO）是其依赖的主要融资途径。

第二，盈利必须达到一定目标的财务门槛、较为落后的公司治理法律门槛、漫长的审核流程和互联网巨头的示范效应，导致互联网企业纷纷赴美国上市。

第三，大量互联网企业境外上市弊端重重。大量优秀的互联网企业选择离开国内资本市场，不仅是中国资本市场的严重损失，也是整个国家竞争力的流失。中国互联网企业通过中国市场创造出几万亿资本财富，却主要由美国投资者独享。同时，最具代表性的互联网企业却集体缺席创业板，也不利于人民币投资基金、创业板乃至A股市场的发展。在境外上市的互联网寡头还容易造成垄断。

第四，支持互联网企业国内上市。出台鼓励和扶持政策，加快互联网企业审核上市进程；降低财务门槛，减少法律限制，注重监管的实质，给企业创造市场化的上市环境；实现互联网企业A股IPO的市场化发行及定价；吸引已在境外上市的互联网企业回归A股上市。

建议提出后，时任国务院副总理马凯同志（分管金融工作）当即给予大篇幅批示："感谢尚全同志对中国资本市场健康发展的关心和建言。此事国务院领导多次批过，并请证监会、工信部专题进行了研究，提出了初步意见（有些正在协调）。此件仍请肖钢、苗圩同志认真研究，采取综合措施，创造有利于互联网企业境内上市的法律制度、监管政策、便利措施等市场环境。"回过头来看可以发现，当下资本市场对独角兽企业回归A股的工作安排，与我在2014年向国务院提出的这份建议是一脉相承的。

八 建言如何推进供给侧结构性改革

面对经济社会发展新常态的机遇和挑战，2015年末，中央经济工作会议强调要着力推进供给侧结构性改革，推动经济持续健康发展。那么，如何推进供给侧结构性改革就成为我们急需解决的问题。关于这一问题，我在深入思考后，于2016年4月向中央提出九个方面的建议：

第一，推进供给侧结构性改革的当务之急，就是要明确“供给侧结构性改革”的内涵和外延。要避免对供给侧结构性改革存在认识上的误区，比如“万能论”“无效论”“旧体制回归论”等，推进供给侧结构性改革，首先要取得共识。

第二，推进供给侧结构性改革的五大任务，是去产能、去库存、去杠杆、降成本、补短板。首要任务是去产能，核心是“僵尸企业”的退出。简单说“僵尸企业”早就应该破产，却出于某种原因仍然存续。“僵尸企业”占用了国家宝贵的资源，增大了金融风险，导致了发展的不可持续。

第三，把去产能同扶贫和“走出去”结合起来。2020年我国要全面建成小康社会，全面小康社会的短板是贫困地区、贫困人口。政府可以收购过剩产能，支持贫困地区的基础设施建设。

第四，把去库存同农村的改革结合起来。农民有资产、有宅基地、有房产。这些资产如果能变为资本，农民就能增加财产性收入，富裕起来，带动农村的消费。

第五，减税不仅要减轻企业的负担，还要调节贫富差距。

第六，要为供给侧结构性改革提供有效的制度性保障，目前还有不少制度供给不足。例如“僵尸企业”之所以“僵而不死”，与制度供给不足有直接关系。要依法为实施市场化破产程序创造条件，加快破产清算案件审理。要尽可能多兼并、重组，少破产清算，做好职工安置工作。要严格控制增量，防止新的产能过剩。

第七，推进供给侧结构性改革必须要进一步深化政府改革。有的放权后监管没有跟上，要用改革的办法，要通过加强事中、事后的监管来解决问题。

第八，人的自由和全面发展是创新的动力之源。与国际比较，我国原创性和理论创新不足，颠覆性创新更少。主要原因是思想不够解放，束缚创新思维的条条框框太多。每个人的自由和全面发展，是一切人创新发展的条件，是全面创新的动力之源。

第九，去产能、处理“僵尸企业”必须要坚定不移，要有更大的决心、更大的勇气和更多的智慧。

上述建议上报后，刘鹤同志批示：“已收到另件专送，很好。有些已力争在领导讲话中吸收，可告高老。”

九 如何提升民心的三点建议

党的十八届三中全会以来，全面深化改革有力推进，在反腐败、扶贫开发等方面均取得了重要的进展。但是在经济新常态的大背景下，经济发展承受较大的下行压力，全面深化改革的推进也遇到诸多挑战。针对这些问题，我于2017年1月26日向中央新的领导集体提出《关于深化改革提升民心的三点建议》：

第一，把制度反腐放到更加重要位置。

我国反腐斗争已形成了压倒性态势，巩固这种压倒性态势，夺取反腐斗争的全面胜利，必须紧紧依靠制度建设，把制度反腐放到更加重要的位置上来，必须把官员财产公示制度建立起来。民心是最大的政治。世界上已有140多个国家建立了官员财产公示制度。我国是以人民为中心的国家，是“四个自信”的国家，没有理由不建立这项制度。因此，不管阻力有多大，不管困难有再多，必须有勇气把提升民心的这个制度建立起来。

第二，用反腐中罚没的财产建立扶贫基金。

反腐败工作罚没的大量贪腐财产怎么处理也关系到反腐败的成果。如果缺乏监督机制，那就可能滋生新的腐败，前期反腐败的成果也就被抵消了，人民群众也没有实实在在地从反腐败中形成获得感，对反腐败工作就可能产生看客心理，甚至产生“审美疲劳”。因此，如果能够把反腐败过程中罚没的巨额资金投入民生当中，那就会大大增加人民群众的获得感，以人民群众看得见、摸得着的形式去实现正义，使反腐败工作获得更坚实的民意基础，就会大大提振民心。

党的十八大以来，最大的民生项目就是扶贫。消除贫困、改善民生、实现共同富裕，是社会主义的本质要求，是我们党的重要使命，也是协调推进“四个全面”战略布局、实现“两个一百年”奋斗目标的必然要求。如果能够把反腐败工作和扶贫工作结合起来，就有可能起到事半功倍的效果。一个把两者相结合最简单有效的办法，就是用反腐败罚没的财产设立一个扶贫基金，罚没的现金直接划入基金，罚没的房产、字画收藏品拍卖变现后划入基金，全部用于扶贫开发救助。为此，一是必须把罚没资金直接划入扶贫基金的专项账户；二是执法部门必须严格执行收支两条线，严禁截留和返还；三是必须提高扶贫基金的透明度，实行严格的监督制度。

第三，改革创新是振兴中国实体经济的根本出路。

我国是制造业大国，但不是制造业强国，在转向先进制造业过程中面临许多不确定因素和挑战。因此，首先要加快财税体制改革，以适应和提高我国在全球的竞争力。其次，政府要自我革命，简政放权，转变职能，大幅度减少行政开支。再次，提高创新能力，改善创新环境。振兴实体经济，制造业转型要靠创新驱动，提高创新能力。

我的建议上报后，获得了中央的积极回复。2017年2月6日，中共中央办公厅打电话给我的秘书通知："习近平总书记对高尚全同志《关于深化改革提升民心的三点建议》非常重视并作了批示，请转告高尚全同志。"李克强总理则批转给时任财政部部长肖捷同志阅研，张高丽同志也作了批示。一位老改革者看了我的建议后评价："恰如其分！恰到好处！恰是关键！如实行，必民心大悦！民心大振！民心归一！"

十 诸城调研中回答了三个问题

2016年6月中旬，我与山东省政协副主席陈光、山东省潍坊市商会会长王永发，以及中国经济体制改革研究会助理研究员陆琪到曾经的国企改革重要影响地山东诸城调研，并感受到诸城国有企业改制成效显著。我特意写了《潍坊·诸城调研有感》，并向中央报告调研结果。报告主要回答了三个问题：

第一，诸城改革姓“社”不姓“资”，为“陈卖光”正名。

20世纪90年代初诸城的国有企业亏损面大，债务负担重，难以为继。1992年上半年，市属150家独立核算的企业中，有103家企业亏损。时任市委书记陈光下决心改革，采取改制出售的办法，以摆脱困境。但当时有人起来反对，认为这是国有资产流失，给陈光扣上“陈卖光”“走资本主义道路”的帽子。姓“资”姓“社”的争论惊动了朱镕基总理。

20多年来的实践证明，诸城企业改制是成功的，激发了企业的活力，积累了比较厚实的经济技术基础，有力地推动了经济社会的持续健康发展，人民也分享了改革发展的成果。在当前经济下行压力较大的形势下，山东诸城地区政府和企业游刃有余，2015年诸城的各类工业企业拥有省以上研发机构37家，院士和博士后工作站8家，高新技术企业产值占比达到39.5%；诸城全市实现地区生产总值746.5亿元，同比增长8.1%；财政收入88亿元，同比增长6%；完成固定资产投资561亿元，同比增长14.1%；城镇、农村居民人均可支配收入分别达到31599元和15833元。县域经济基本竞争力位居全国百强县第27位。这样的成绩与一些改革落后地区经济的断崖式下跌形成鲜明对比。改革是最大的红利，早改革早主动，山东诸城是典型的例证。

第二，国有资产在流动中才能保值增值，流动不等于流失。

国有资产不能流失，这是改革中必须坚持的重要原则和方针。但是，一说流动就怕流失，就怕问责，所以宁可不流动、不作为。应该明确，流动中的流失，只要坚持市场化改革方向，减少行政干预，采取第三方评估，加强监管，是可以避免，或者把流失减少到最小程度的。国有资产不流动，使之固化起来，不符合市场规律，其损失是难以估算的。

诸城国有企业的改革，实现了国有资产的保值增值，调整了结构，促进了经济的发展和职工生活的提高。诸城机动车辆厂采取了无偿划转的形式，于1994年1月以576万元的净额资产无偿送给了北京汽车摩托车联合公司（简称北汽摩托），变成了北汽摩托公司诸城车辆厂。当时有人认为，这是国有资产流失。但实践证明，无偿划转，撬动了北汽闲置的冲压生产线等存量资产，使之在诸城实现了保值增值；同时撬动了诸城车辆厂的发展后劲，使其不到两年就增值了143%，上交地方财政542万元，短期内收回了原来送出去的资产。截至2016年5月，该企业已向诸城提供了30亿元的税收。按当初576万元的净资产无偿并入北汽摩托计算，相当于诸城收回了520个机动车辆厂。

1996年8月起，面向社会整合资源，联合江苏常柴集团等100家法人企业组成了北京福田车辆股份有限公司，1998年“福田股份”在上海证券交易所挂牌上市，融资3.2亿元，主要用于技术改造，提升了产品的竞争力，先后在全国范围内兼并重组了10多个老国有企业，盘活了11亿元的国有存量资产，解决了2万多名员工的就业，目前农用汽车产销量位居世界第一。这是在流动中实现国有资产保值增值的典型案例。

第三，全面正确理解加强党对企业的领导。

在这次调研中，大家都认为发展社会主义市场经济必须坚持和完善党的领导。有以下七个问题值得我们继续探索。

一是如何处理好地方党委的地区性和企业的跨越性的关系。诸城市中纺金维纺织有限公司前身是一家集体所有制的纺织厂，在1990年底，由于经营不善，资不抵债，严重亏损。经过企业改制，中纺集团公司占有80%的资本，成为国内最大的腈纶产品基地，被评为“中国中央企业先进集体”。企业党委属于属地管理，即潍坊市委领导和管理。企业党委通过了到东南亚投资的决定，但被大股东中纺集团否定了。我们许多股份公司，特别是上市公司都是跨地区的，地方党委如何加强跨地区企业的领导？到底是地方党委、企业党委说了算？还是所有者、董事会说了算？

二是现行企业党委的组织结构是否能适应？现有地方党委和企业党委中，书记、副书记、纪委书记、政法委书记、组织部部长、宣传部部长、统战部部长一般都是党委常委，而主管经济的副市长和企业的经营管理层只有一两名进入常委，在常委会中只是少数派。这样党的组织结构是否要做相应的调整和完善，以适应以经济建设为中心，保证企业的重大决策、涉及重大经营管理事项正确无误。

三是权力和责任如何平衡？最近，国资委在《在全面深化国有企业改革中加强党的建设工作》文章中提出，涉及企业重大经营管理事项必须经过党委（党组）研究讨论提出意见和建议后，再由董事会、经营班子作出决定。这无疑扩大了企业党委的权力，但权力必须同责任相匹配，企业党建的责任主体当然是党委。但是，在市场竞争加剧的情况下企业面临的不确定因素和风险很多，企业亏损乃至死亡，这个责任主体要明细，以便更好地落实责任制。

四是如何处理好企业党委、董事会和经营班子的关系。加强了党的领导，又发挥了董事会和经营班子的积极性，使职工真正成为企业的主人，从而促进社会生产力。这是企业改革的最终目的。邓小平同志于1980年8月在《党和国家领导制度的改革》中指出：“权力过分集中的现象，就是在加强党的一元化领导的口号下，不适当地、不加分析地把一切权力集中于党委，党委的权力又集中于几个书记，特别是集中于第一书记，什么事都要第一书记挂帅、拍板。党的一元化领导，往往因此而变成了个人领导。全国各级都不同程度存在这个问题。权力过分集中于个人或少数人手里，多数办事的人无权决定，少数有权的人负担过重，必然造成官僚主义，必然要犯各种错误，必然要损害各级党和政府的民主生活、集体领导、民主集中制、个人分工负责制等等。”[①]邓小平同志又指出：“党成为全国的执政党，特别是生产资料私有制的社会主义改造基本完成以后，党的中心任务已经不同于过去，社会主义建设的任务极为繁重复杂，权力过分集中，越来越不能适应社会主义事业的发展。对这个问题

① 邓小平：《邓小平文选》第2卷，人民出版社，1994，第328—329页。

长期没有足够的认识，成为发生‘文化大革命’的一个重要原因，使我们付出了沉重的代价。现在再也不能不解决了。”①邓小平同志还指出：“有准备有步骤地改变党委领导下的厂长负责制、经理负责制，经过试点，逐步推广、分别实行工厂管理委员会、公司董事会、经济联合体的联合委员会领导和监督下的厂长负责制、经理负责制。”②“实行这些改革，是为了使党委摆脱日常事务，集中力量做好思想政治工作和组织监督工作。这不是削弱党的领导，而是更好地改善党的领导，加强党的领导。”③当时中央派出了彭真同志为首的调研组分赴各地和企业进行调查。发现的主要问题是，党委领导下厂长负责制中党委介入具体的经营决策，造成了厂长责任大、权力小，党委权力大、责任小等问题。当时还学习了列宁关于厂长负责制的论述。叙述这段历史绝不是要恢复厂长负责制，而是在加强党的领导下，避免过去发生过的问题。企业党委不要替代董事会和经营班子，而是要领导董事会、经营班子在职责范围内更好地发挥各自的作用。董事会、经营班子和广大职工都是在党的领导下工作的，董事会和经营班子的工作做好了，党的领导也加强了。广大职工的积极性和创造性发挥出来了，真正做了企业的主人，说明党的领导也加强了。反之，怎么能说明真正加强了党的领导？只有不断地完善党的领导，才能加强党的领导。

五是加强党的领导，更应当在于发挥党的政治和思想领

① 邓小平：《邓小平文选》第2卷，人民出版社，1994，第329页。
② 邓小平：《邓小平文选》第2卷，人民出版社，1994，第340页。
③ 同上。

导力，将党和人民的意志充分体现在宪法和有关法律当中。党的十八届四中全会把依法治国作为改革的重中之重，要认真落实习近平同志关于改革要于法有据的指示，领导人民科学立法，然后带头执法。党领导制定的《公司法》也已颁布施行多年。现在有关部门出台的规定是否于法有据，与《公司法》是否衔接，不适应发展改革的地方可以通过法定程序进行修改完善。

六是加强党的领导，不在于党管的事越多越好。党的领导应该抓大事、抓关键。党要发挥总揽全局、协调各方的领导核心作用，但不是管的事越多越好。邓小平同志曾批评指出："我们的各级领导机关，都管了很多不该管、管不好、管不了的事。"[①]"党要善于领导，不能干预太多，应该从中央开始。这样提不会削弱党的领导。干预太多，搞不好倒会削弱党的领导，恐怕是这样一个道理。"[②]

加强党的领导，最直接的目标是增强国企活力和剔除国企腐败，如果管得太多，市场主体就失去了活力。

1996年第十四届中央纪委提出了"三重一大"（重大决策、重大干部任免、重要项目安排和大额资金使用）必须经过集体讨论，不准个人或少数人专断的要求。这一制度安排对于加强民主集中制，提高决策的科学化，进而遏制腐败起到了重要作用。

七是在国企改革中加强党的领导，要重视用市场方式配置人才资源。市场决定资源配置，人才资源可以说是第一资

① 邓小平：《邓小平文选》第2卷，人民出版社，1994，第328页。
② 邓小平：《邓小平文选》第3卷，人民出版社，1994，第163—164页。

源。创新驱动，实质上是人才驱动，配置好人才资源，就是增强创新发展的内生动力。企业的竞争，归根结底是人才的竞争。能否发现人才、用好人才、留住人才，是企业在竞争中能否取得胜利的根本因素。市场上的经理人才与党的各级领导干部既有相同点，又有不同点，党和政府应当制定能够符合市场竞争需求的国企经理人才、技术创新人才的新的招聘、考核、激励机制，而不宜把管理党政干部的办法照搬到市场主体当中去。

在加强党的领导、避免腐败行为发生的同时，也要考虑如何对企业管理层进行正当的激励。在激烈的市场竞争中优秀的人才能够给企业带来巨大的发展和财富，平庸的管理者可能只能守成，甚至可能造成企业的亏损乃至倒闭。因此，人才激励是市场主体不可回避的话题。尤其要考虑通过对重大贡献的科技人才的激励来鼓励技术创新。对发明者要有严格的专利保护，要有较高比重的股权激励，或者以发明者的姓名命名，重赏之下必有勇夫。对颠覆性创新的意愿要给予宽容、理解和支持。要建立市场为主导的机制。行政审批和评审制度下，颠覆性创新是难以实现的。

加强党的领导必须注意要与市场化改革相融合，创设良好的制度环境，进而充分发挥人的创新创造力，促使经济健康发展、人民生活幸福，党的领导就会不断巩固。上善若水，水善利万物而不争。夫唯不争，故无尤。

我的报告获得了中央的积极回复。张高丽同志作了批示："请绍史阅。"连维良同志批示："请体改司认真研究。"林念修同志批示："请产业司、高新技术司认真学习、研究高老的报告。"

附　录

附录一 文章

改革：中国特色社会主义的伟大实践

——中国改革40年的回顾和思考

高尚全

内容提要：在党的十九大即将召开之际，中国的改革开放事业也将迎来40周年的重要历史节点。近40年的改革开放是中国特色社会主义在中国大地上的伟大实践，历经“目标探索”“框架构建”“体制完善”和“‘五位一体’的全面深化改革”四个阶段，改革推动了整个国家从以阶级斗争为纲向以经济建设为中心、从计划经济向市场经济、从闭关锁国转向全方位开放、从人治走向法治、从贫穷落后转向小康五大转变，国家和社会面貌发生了翻天覆地的变化，中国的改革开放事业取得了不可磨灭的成就。从这近40年的改革开放的伟大实践当中，我们可以总结出促使中国的改革开放事业获得巨大成功的基本经验，可以探知能够继续指导中国的改革开放事业向前推进的重要启示。中国的改革开放事业仍面临着经济发展方式转型、法治政府建设等诸多挑战，而这些从实践得来的经验和启示是我们继续取得改革开放这一中国特色社会主义的伟大实践的胜利的重要法宝。正是得益于这些基本经验和启示，加之与时俱进的理论创新和实践努力，党的十八大以来，我国的改革开放事业在多个过去“绕道走”的方面取得了重大的进展和突破。在新的历史时期，我们仍需要继续努力，准确把握新的历史时期的改革难点和重点，解放思想、创新理论，确保中国的改革开放事业从胜利走向胜利。

自1978年党的十一届三中全会开启我国的改革进程以来，弹指一挥间，中国的改革事业已经走过了40年的光辉岁月。40年来，我们沿着中国特色社会主义道路不断前进。我们历经从计划经济到商品经济再到市场经济的探索，我们从无到有构建了中国的社会主义市场经济体系并不断完善，我们扭转了“文化大革命”的动荡混乱走向依法治国并不断提高国家治理水平。可以自豪地说，中国的改革事业取得了不可磨灭的成就。中国的改革事业当然也并非一帆风顺，改革的航程历经千难万险，改革的开拓却从未停歇。

党的十八大的召开，标志着中国的改革事业迈入了新的时期，正如习近平总书记所指出的：“今天的中国，前所未有地靠近世界舞台中心，前所未有地接近实现中华民族伟大复兴的目标，前所未有地具有实现这个目标的能力和信心。”[①]虽然前进的道路上仍然充满挑战，但是踏平坎坷成大道，斗罢艰险又出发。

中国改革开放40周年之际，正是我们承前启后、继往开来的关键节点。在这个新的历史起点上，我们有必要回顾和梳理中国改革40年的成就、经验和教训，为我们即将开启的

① 《学习时报》特约评论员：《习近平总书记的成长之路》，《学习时报》2017年7月28日。

新的改革探索积累更多的可供借鉴的经验，在理论和实践上不断丰富中国特色社会主义。

一、中国40年改革的基本历程

总的来看，中国的经济体制改革是从农村到城市、从经济领域到其他各个领域全面展开的。到目前为止，这一历程大致可以划分为“目标探索”“框架构建”“体制完善”和“‘五位一体’的全面深化改革”四个阶段。

（一）改革的启动和目标探索阶段（1978—1991年）

自1978年党的十一届三中全会到党的十四大确立我国实行社会主义市场经济体制，这一时期是改革的启动和目标探索阶段。

改革首先从农村开始，逐步向城市推进；从开展改革试点，积累经验，再逐步推广；对外开放从兴办经济特区向开放沿海、沿江乃至内地推进。在农村改革方面，安徽等一些地区率先进行了家庭联产承包责任制、统分结合的双层经营改革试验，这一改革取得了巨大成功，得到人民群众的普遍支持，随后推广到全国。在企业改革方面，开展了多种形式的国有企业扩大自主权试点，集体经济和个体经济逐步恢复和发展。在财税体制方面，推行两步“利改税”，逐步推进“划分收支、分级包干”的财政体制改革。在流通体制方面，废除了农副产品的统购统销制度，逐步培育农产品市场。在对外开放方面，1980年，决定兴办深圳、珠海、汕头、厦门四个经济特区。

随着改革取得巨大成功和人们对推进改革的共识逐步形成，1984年10月，党的十二届三中全会通过《中共中央关于经济体制改革的决定》，确定社会主义经济是“公有制基础上的有计划的商品经济”，改革的重点逐渐从农村转向城市，以搞活国有企业为中心环节全面展开。对国有企业实施了承包制、租赁制等改革措施，积极进行以厂长负责制、工效挂钩、劳动合同制为内容的企业领导、分配、用工等管理制度的改革，增强企业的内在活力。宏观管理体制方面，以宏观间接管理为目标，对价格、财税、金融、计划以及流通体制等进行改革。采取“调、放、管”相结合的方针，理顺商品和服务的比价关系；大幅度缩小指令性计划；改革银行组织体制；实行各种形式的财政包干制。同时，政治、科技、教育、文化等领域的改革也开始启动。开放沿海14个港口城市，开辟了一批经济开放区。

（二）社会主义市场经济体制框架初步建立阶段（1992—2002年）

以党的十四大确立社会主义市场经济体制的改革目标，党的十四届三中全会通过《中共中央关于建立社会主义市场经济体制若干问题的决定》为标志，我国正式确立社会主义市场经济的改革方向和基本内容。

到2002年，社会主义市场经济体制的基本框架初步建立。

这一阶段改革的主要内容包括：宏观管理体制方面，1994年提出对财政、税收、金融、外汇、计划和投融资体制进行系统改革的方案，确立以分税制为核心的新的财政体制框架和以增值税为主的流转税体系，中央银行的调控职能得到加强。国有企业改革方面，党的十五大确立了公有制为主体、多种所有制经济共同发展的基本经济制度。按照建立现代企业制度的方向，实施“抓大放小”，积极推进国有企业改革和国有经济布局的结构调整。一批国有大中型企业改制为国有独资公司、有限责任公司或股份有限公司；许多全国性的行业总公司改组为控股公司；通过改组、联合、兼并、租赁、承包经营和股份合作制、出售等形式，对中小型国有企业进行了改革。市场体系得到较大发展，取消了生产资料价格双轨制，进一步放开了竞争性商品和服务的价格，要素市场逐步形成。社会保障体系建设方面，逐步建立起社会统筹和个人账户相结合的养老、医疗保险制度，建立了失业保险、社会救济制度及城镇居民最低生活保障制度。

（三）社会主义市场经济体制的初步完善阶段（2003—2011年）

党的十六大提出到2020年建成完善的社会主义市场经济体制的改革目标，党的十六届三中全会对建设完善的社会主义市场经济体制作出全面部署。与此同时，党中央总结提出科学发展观和构建社会主义和谐社会的重大战略构想，作为深化改革的重要指导思想。自此，我国改革进入完善社会主义市场经济体制的新阶段。

这一阶段主要的改革措施有：取消农业税、牧业税、特产税。清理和修订限制非公有制经济发展的法规、规章和政策性规定，放宽非公有制经济的市场准入，允许非公有资本进入法律法规未禁入的行业和领域，为非公有制经济发展提供制度保障。公共财政体制不断健全。国有商业银行股份制改革加快推进。实现有管理的浮动汇率制度。改革了投资体制，政府投资的范围进一步缩小，企业投资自主权逐步扩大。土地、劳动力、技术、产权、资本等要素市场进一步发展，水、电、石油和天然气等重要资源价格的市场化步伐加快。社会保障体系不断完善，社会保障覆盖面不断扩大。

（四）“五位一体”全面深化改革的新阶段（2012年至今）

2012年，党的十八大召开，随后党的十八届一中全会选举产生了党的新一届领导集体。在党中央的坚强领导下，我国不仅有效应对复杂国际政治经济环境的风云变幻，更在相当不利的条件下取得了经济的中高速平稳增长。党的十八届三中全会所作出的《中共中央关于全面深化改革若干重大问题的决定》，非常清晰地表明，改革不再拘泥于经济体制改革领域，而是涵盖社会、政治、文化以及生态文明的五位一体的全面的改革。与此同时，为落实这些改革内容，如前所述，中央全面深化改革领导小组还为此成立了7个专项小组。中央全面深化改革领导小组第一次会议，就将十八届三中全会规定的改革任务分解为336项重要举措，逐一确定协调单位、牵头单位和参加单位，为落实十八届三中全会决定奠定了坚实的基础。截至目前，中央全面深化改革领导小组已经召开了38次会议，会议内容囊括了农村集体土地制度改革、司法体制改革、财税体制改革等过去的改革当中一直难以解决甚至回避的诸多议题，并出台了《关于农村土地征收、集体经营性建设用地入市、宅基地制度改革试点工作的意见》《设立跨行政区划人民法院、人民检察院试点方案》《关于进一步推进户籍制度改革的意见》《深化财税体制改革总体方案》等一系列方案，彰显了新的领导集体直面改革难点的勇气。通过“五位一体”全面深化改革，解决了许多长期想解决而没有解决的难题。党的十九大把中国的改革开放事业进一步推向深入，对中国的改革开放进程作出了诸多新的判断。党的十九大报告郑重宣告，中国特色社会主义进入新时代。其首要特征是，我国社会主要矛盾已经由“人民日益增长的物质文化需要同落后的社会生产之间的矛盾”转化为“人民日益增长的美好生活需要和不平衡不充分的发展之间的矛盾”。党的十九大报告提出，围绕新时代坚持和发展什么样的中国特色社会主义、怎样坚持和发展中国特色社会主义这个重大时代课题，我们党进行艰辛理论探索，取得重大理论创新成果，形成了新时代中国特色社会主义思想。党的十九大以来，中央全盘统筹推进改革，特别是率先推进党和国家机构改革，磨刀不误砍柴工，为其他方面改革的有效推进铺平道路。

二、中国40年改革的主要成就和突出矛盾

习近平同志指出，改革开放是当代中国发展进步的活力之源，是党和人民事业大踏步赶上时代的重要法宝。40年的改革开放所取得的重大成就，主要体现在它推动我国实现或

正在实现的五个方面的重大转变。

（一）改革开放推动了以阶级斗争为纲向以经济建设为中心的转变

十年“文革”结束后，我国虽然进行了初步的拨乱反正，恢复并稳定了国家生活的正常秩序，但“左”的影响依旧强大。“两个凡是”和“以阶级斗争为纲”仍然占据政治和意识形态的主导地位，国家的发展进步仍然受到禁锢。1978年5月开展的真理标准问题大讨论，从思想理论上否定了“两个凡是”，号召人们彻底打破思想枷锁，把实践作为检验真理的唯一标准。真理标准问题大讨论打破了教条式的理论禁锢，恢复了实事求是的马克思主义思想路线，成为开辟中国特色社会主义道路的奠基石。在“解放思想、实事求是”的思想基础上，1978年12月，党的十一届三中全会抛弃了“以阶级斗争为纲”，把党和国家工作中心转移到经济建设上来。正是由于有了这个转变，才可能改变传统计划经济体制，改变封闭半封闭的状况，进而迎来整个国家的发展进步。“解放思想、实事求是”作为改革开放的思想内核，为我国的发展进步提供了不竭的思想理论活力源泉。

（二）改革开放推动了从计划经济向市场经济的转变

今天，我们已经彻底告别了由国家计划统配社会资源的时代，市场繁荣、产品丰富。绝大多数人认为，遵循价值规律、由市场来配置资源是理所当然的事情。但实际上，从计划经济到社会主义市场经济的转变极为不易，是改革开放曾经走过的最艰难的历程，也是到目前为止改革开放所取得的最重要的成果。

党的十一届三中全会之后，改革就在农村和局部地区铺开，农村生产力迅速得到解放，农产品日渐丰富，但城市经济因延续计划管理体制未见大的起色。1984年10月，党的十二届三中全会通过了《中共中央关于经济体制改革的决定》，提出社会主义经济是公有制为基础的有计划的商品经济。这是经济体制改革的重大突破。此后，经过不懈探索，1992年党的十四大明确了建立社会主义市场经济体制的改革目标。建立社会主义市场经济体制，为我国经济发展构建了最为重要的制度基础，使价值规律深入社会经济的每一个微观单元发挥作用，极大地激发了人们的创造活力、发展热情。1993年党的十四届三中全会通过了《中共中央关于建立社会主义市场经济体制若干问题的决定》，提出了构成社会主义市场经济体制基本框架的5个主要环节：建立产权清晰、权责明确、政企分开、管理科学的现代企业制度；建立全国统一开放的市场体系；建立以间接手段为主的宏观调控体系；建立以按劳分配为主体的收入分配制度，鼓励一部分地区一部分人先富起来，走共同富裕的道路；建立多层次的社会保障制度。同时，要求围绕这些主要环节，建立相应的法律体系。其后10年的改革开放，就是以这5项工作为中心，推动了我国的发展进步。2003年党的十六届三中全会提出了完善社会主义市场经济体制的战略任务，要求以完善社会主义市场经济体制为目标，坚持以人为本，树立全面、协调、可持续的发展观，促进经济社会和人的全面发展。改革进入新的阶段后，党的十八届三中全会历史性地明确了使市场在资源配置中起决定性作用。这是对市场经济的一般规律的认可，也是使市场经济规律为社会主义经济建设服务的重要里程碑。无疑，从计划经济转向社会主义市场经济，是我们党的伟大创举，为发展中国特色社会主义奠定了经济基础。

（三）改革开放推动中国从闭关锁国转向全方位开放

改革开放之前，我国各项工作中长期存在一种“左”的偏见，盲目自信，唯我独尊，排斥国外好的做法和经验，使我国经济管理、技术进步、产业发展等很多方面严重落后于发达国家。党的十一届三中全会开启了对外开放的历史新时期。1979年初，国务院决定设立蛇口工业区。同年7月，中央批准广东、福建两省对外经济活动实行特殊政策和灵活措施。1980年，全国人大常委会批准在深圳、珠海、汕头、厦门设立经济特区，按照市场取向进行改革探索。1984年，国务院决定大连等14个沿海港口城市进一步对外开放。1985年，中央决定在长江三角洲、珠江三角洲和福建厦漳泉三角地区开辟沿海经济开放区。1988年海南成为经济特区。1990年中央推进形成了以上海浦东为龙头的长江流域开放带。这一阶段的对外开放，引进了大量国外资金、技术和先进管理经验，使国内商品市场丰富和繁荣起来，使市场因素在整个经济中的比重大幅上升，有力冲击了计划经济的樊篱，为社会主义市场经济体制的确立做出了重大贡献。

1992年，邓小平同志南方谈话之后，对外开放步伐进一步扩大，由沿海地区迅速向内陆腹地拓展。2001年底，我国加入世界贸易组织，对外开放进入一个新阶段。党的十六大以后，我国吸收利用外资从弥补“双缺口”为主转向优化资本配置、促进技术进步和推动社会主义市场经济体制完善转变，利用外资实现新发展，规模和质量全面提升。我国经济总量在2011年度全球排名上升至第2位，并连续20余年位居发展中国家首位。党的十八大以来，对外开放水平进一步提升，中国经济不仅仅局限于“引进来”，更拓展到了“走出去”的高度，“一带一路”倡议的提出、亚投行的设立、G20峰会的召开都表明，中国在国际经贸体系中的地位越来越突出。在全球经济衰退、各国贸易保护主义抬头的情况下，中国已经逐渐成为全球化的领军者、推动者，这在40年前是不可想象的。

改革推动了开放，开放也在倒逼改革。以加入世界贸易组织为例，为使国内经济制度与国际贸易规则接轨，中央政府部门清理各种行政法规和部门规章2300多件，地方政府共清理地方性政策和规章19万多件，使涉外经济法律法规与加入世贸组织承诺相一致。一些长期难以突破的顽疾在这个过程中被顺利克服，社会主义市场经济因而得到进一步完善，经济社会迸发出更大活力。

（四）改革开放推动国家从人治走向法治

我国有着数千年的封建历史传统。坚定走依法治国道路、建设社会主义法治国家，这是巨大的历史进步。党的十一届三中全会开启改革开放时，邓小平同志就在总结历史教训的基础上指出："为了保障人民民主，必须加强法制。必须使民主制度化、法律化，使这种制度和法律不因领导人的改变而改变，不因领导人的看法和注意力的改变而改变。"①在党的十四大明确建立社会主义市场经济体制改革目标后，依法治国的要求更加迫切，因为市场经济必须是法治经济。正是顺应这一历史发展潮流，党的十五大把依法治国、建设社会主义法治国家作为党领导人民治理国家的基本方略郑重地提了出来，并把过去"建设社会主义法制国家"的提法改为"建设社会主义法治国家"，极其鲜明地突出了法治的理念。1999年3月，全国人大对宪法进行了修改，明确规定："中华人民共和国实行依法治国，建设社会主义法治国家。"2012年党的十八大进一步强调，依法治国是党领导人民治理国家的基本方略，法治是治国理政的基本方式，要更加注重发挥法治在国家治理和社会管理中的作用，全面推进依法治国，加快建设社会主义法治国家。十八届三中全会提出，"建设法治中国必须坚持依法治国、依法执政、依法行政共同推进，坚持法治国家、法治政府、法治社会一体建设"。建设社会主义法治国家，能够从根本上杜绝"文革"那样的政治混乱，进而保障经济社会在稳定的环境下顺利发展。法治还是现代市场经济有机体的重要组成部分。市场主体的微观交易行为，比如商业谈判、签订契约、解决纠纷等，无不需要法治的规范。市场交易遵循成熟的法律制

① 邓小平：《邓小平文选》第2卷，人民出版社，1994，第146页。

度，纠纷能在良善的司法体系中获得合理解决，市场主体就会产生稳定的预期，就会大大降低交易成本，市场经济的活力就会进一步释放。改革开放推动我国全面走向法治社会，必将进一步增强经济发展的活力。我们应清醒地看到建设社会主义法治国家的任务非常繁重而艰巨，党的十八届四中全会通过了《中共中央关于全面推进依法治国若干重大问题的决定》，对全面推进依法治国作出重大部署，强调把法治作为治国理政的基本方式。为了推动依法治国，党的十九大报告提出，成立中央全面依法治国领导小组，加强对法治中国建设的统一领导。这都体现了党和国家对法治前所未有的重视和推动。

（五）改革开放推动我国人民生活从贫穷落后转向小康

改革开放改变了生产关系和生产力不相适应的状况，社会生产力得到极大解放，社会财富迅速增长，人民生活得到逐步改善。改革40年，我国城乡居民收入水平呈现出大幅度增长态势。从1978年到2016年，城镇居民人均可支配收入由343元提高到33616元，农村居民家庭人均纯收入由134元提高到12363元。居民消费结构从温饱型向小康型转变，城乡居民家庭的恩格尔系数分别从1978年的57.5%和67.7%下降到2016年的29.3%和32.2%，人民生活从满足于吃饱穿暖转变到更加注重个性和享受的多层次消费。居民预期寿命从1981年的67.8岁提高到2014年的75岁。

2016年，中共中央、国务院印发的《“健康中国2030”

规划纲要》指出，到2030年，“人民身体素质明显增强，2030年人均预期寿命达到79岁，人均健康预期寿命显著提高”；文盲率从1982年的22.8%下降到目前的4.1%，每年有数百万高等院校毕业生成为社会主义现代化建设事业的接班人。改革开放给人民生活带来巨大改善，全面建成小康社会的奋斗目标将一步步变为现实，极大地调动了人民群众投身中国特色社会主义建设的积极性、创造性，为我国的发展进步带来了无穷的活力。

中国的改革虽然取得了举世瞩目的成就，但是前期单边突进的改革遗留的问题越来越成为经济社会进一步向前发展的障碍，而且经过40年的改革发展，随着生存型阶段向发展型阶段的转变，我国需求结构开始发生明显变化，新的需求和旧的体制的矛盾也日益凸显，新老问题并存，影响改革的深化。目前仍存在的矛盾有以下几个方面：

一是经济发展方式转型与市场化改革不到位的矛盾。以当前最重要的“三去一降一补”为例，虽然整体战略上极为重要，但是在实际操作过程中，也出现了“行政手段一刀切、专去民营企业”的传言。“三去一降一补”需要行政手段的配合，不过应尽量以市场的优胜劣汰为主要手段，让行政要求成为市场资源配置的砝码，这样虽然见效慢一些，但长期看会更加的健康。

二是税费过重与公共产品供给短缺并存的矛盾。我国已开始从私人产品短缺时代进入公共产品短缺时代，但相应的社会体制改革还不适应这个时代变化的趋势。公共产品短缺成为阻碍扩大内需、制约发展方式转型的一个重要因素。公共产品短缺使我国消费率不断下降，消费率水平不仅低于发达国家，而且也低于“金砖四国”中的其他三国。但是，作为公共产品供应源泉的我国老百姓的税赋水平并不低。如曹德旺所指，中国的企业税赋同比美国高出相当于营业额的11.6%，这在世界上明显属于税赋较高的国家。同一些宏观税负超过30%的国家相比，在社会福利支出（教育、卫生、医疗、社保等方面）我国还有很大差距。造成这种现象的主要原因，还是因为政府作为投资的主体而没有成为创造环境的主体，财政在公共服务领域的投入比重还不高，地方政府的注意力仍然集中在追求经济总量的扩张上。

三是依法治国的理念在实际行动中仍然有待落实。依法治国的治国方略早已提出，党的十八届四中全会更是以中央全会决定的方式将这一理念提升至治国理政的最高层次，中央深改办也专门出台了各项推进法治建设的意见和方案。但是行政部门职能“缺位”“错位”“越位”，行政审批门槛多、公共服务不到位、权力行使不规范等问题仍然时有发生，阻滞了市场经济的健康发展；另一方面，宪法明确的法院、检察院独立司法也受到意识形态领域反对“司法独立”的影响，律师尤其是刑事辩护律师容易受到不公正的待遇乃至以敌我矛盾予以处理，严重违背依法治国的理念。凡此种种，体现了法治状况与社会主义市场经济建设的不相适应。市场经济当中利益主体各不相同，市场经济的运行实际也是各个市场主体之间利益交换、协调的过程，是不断产生矛盾又不断解决矛盾的过程，司法承载着保障这些矛盾有效、迅速解决，维护不同市场主体利益交换、协调通畅运行的重要功能，依法治国的理念必须贯彻到实处。

三、中国40年改革的经验和启示

习近平总书记曾经指出："改革开放是当代中国发展进步的活力之源，是我们党和人民大踏步赶上时代前进步伐的重要法宝，是坚持和发展中国特色社会主义的必由之路。"[①]在坚持社会主义基本制度的前提下，立足基本国情，遵循市场经济的一般规律，借鉴有益经验，不断对经济基础和上层建筑进行调整和完善，不断探索社会主义和市场经济相结合的有效途径和方式，我们走出了一条有中国特色的改革道路。实践充分证明，社会主义和市场经济是可以结合的，改革开放是社会主义制度的自我完善和发展，社会主义市场经济体制是"市场对资源配置的决定性作用"与"正确发挥政府作用"的有机结合。

（一）在40年的改革进程中，我们积累了不少宝贵的经验

一是不断解放思想，推进理论创新。科学的理论是改革顺利推进的思想保证。改革的进程，就是思想解放的过程，就是理论创新的过程。改革开放以来，我们党坚持解放思想，实事求是，与时俱进，将实践作为检验真理的唯一标

① 2012年12月习近平在深圳考察时的讲话。

准，不断推进理论创新、思想创新和体制创新，创造性地提出了社会主义市场经济理论及其政策体系。典型的如党的十一届三中全会提出改革开放，党的十四大和十四届三中全会确立社会主义市场经济体制的改革目标，党的十五大、十六大在国有经济战略性调整、国有资产管理体制改革、非公有制经济的地位和理顺收入分配关系等一系列重大问题上，进一步做出创造性的理论贡献。党的十八大以来，尤其是党的十八届三中全会，进一步明确了市场在资源配置中的决定性作用，并作出了全面深化改革的决定，把改革的理论推进到新的广度和深度。

二是坚持市场化的改革方向不动摇。改革开放40年的历程，也是市场作为资源配置手段的地位不断提升的历程。从“一大二公”和“割资本主义尾巴”到“计划为主、市场为辅”的社会主义商品经济的提出，再到从指令性计划到指导性计划的转变，进一步到社会主义市场经济的提出，最终到使市场在资源配置中发挥决定性作用。中国的改革所取得的成果，也就是社会主义市场经济不断发展的结果。我们回顾中国40年改革的经验，其中最核心的一条，就是要坚持市场化的改革方向。正是因为坚持市场化的改革方向，人民群众的劳动积极性才得以最大地发挥。改革之前，人们吃不饱穿不暖，几乎所有的生活物资都要凭票供应，推广家庭联产承包责任制后，短短几年农村就实现了大丰收，并倒逼城市经济体制进行改革，市场化带来的劳动积极性、人民群众创造财富的积极性不可估量。正是因为坚持市场化的改革方向，国家的创新创业的活力无限焕发，中国改革开放40年，中国的经济体量以几何级数增加，尤其是民营企业，从无到有，为国家贡献了GDP（国内生产总值）的一半以上。在创新方面，民营企业的专利申请量近乎国有企业和集体企业的一倍，这都是市场经济的成果。另外，需要着重指出的是，互联网大数据时代，仍然要头脑清醒地坚持市场经济。计划经济与市场经济的区别，本质上并不在于有无计划或者制定的计划是否科学，即便在完全市场化的社会里，企业也会制定诸多的生产计划、推广计划，计划得好的企业更有可能在激烈的市场竞争中胜出。计划经济与市场经济两者区别的本质是由行政权力来配置资源还是在价值规律的支配下由市场主体的自主选择判断来配置资源。互联网大数据可以使计划的制定更加科学，但是，它无法解决这个时代最重要的人的创造性、积极性的问题。只有自由选择的市场，才能产生这种积极性和创造性，也只有自由选择的市场，它所形成的数据和联网才有意义，否则何以持续发展繁荣？互联网和大数据只有与市场相结合，才能发挥出最大的效用。改革必须坚持市场化的方向不动摇。

三是灵活运用改革方法，既先行先试、先易后难，又统筹兼顾、协调推进。我国改革的典型特征是采取了先行试点、总结推广的方式。立足于把解决本地实际问题与攻克面上共性难题有机结合起来，选择一定地区或改革领域开展试点，在对试点进行总结的基础上，对成功经验和做法再行推广。这种由点而面、先易后难的改革推进方式，既控制了风险，又通过有效的推广机制使成功经验能够迅速普及，成为我国渐进式改革战略的重要经验，也是新时期推进改革开放、探索新的发展模式和体制模式的重要途径。改革又是一项系统工程，必须不断完善改革的推进方式，统筹兼顾，加强总体协调。我们注重把握“破旧”和“立新”的关系，立足于立新，适时、大胆地破旧，从而不断消除深层次的体制机制障碍，建立健全适应生产力发展需要的新体制新机制。坚持整体推进和重点突破相结合，在统筹规划的基础上注重协调配合，不失时机地实现改革的重点突破。开放也是改革，做到改革和开放相互促进，良性互动。在完善社会主义市场经济体制的新阶段，我们面临的主要是一些触及深层利益关系、配套性强、风险比较大的改革，而且经济体制改革与政治体制、文化体制、社会体制方面的改革日益紧密地联系在一起，这使得改革的统筹协调和整体推进的要求更加凸显。十八届三中全会后设立的全面深化改革领导小组专门就经济体制、民主法治、文化体制、社会体制等设立了专门的改革小组，为改革的统筹协调创造了条件。

四是正确处理改革、发展、稳定的关系。改革是经济社会发展的强大动力，有效的体制是实现经济社会又好又快发展的根本保证，从长远来看，也是确保社会稳定的根本保障，同时，发展和稳定也提供了深化改革的良好环境和基本条件。要正确处理好改革与发展、稳定的关系，适时有序推进改革开放，把改革的力度、发展的速度和社会的承受能力有机结合起来，在保持稳定的前提下推进改革和发展，通过改革和发展促进社会稳定。

（二）40年来的改革进程给我们带来的不仅是改革方法论上的经验，也在价值观方面给予启示

第一，改革为了人民，依靠人民，改革的成果由人民共享。改革的目标是人民的福祉，习近平指出：“人民对美好生活的向往，就是我们奋斗的目标。”[①]不是为改革而改革，更不是为了权力的巩固而改革。改革是促进社会和谐的强大动力，是社会和谐体制机制的构建和完善过程。维护好、实现好和发展好广大人民群众的根本利益是社会和谐的基础，有效的体制机制是实现社会公平正义和社会和谐的根本保证。

在改革的初始动机上，邓小平同志首先考虑到的是人民的福祉，而后延伸出社会主义的优越性和本质问题。1978年3月10日，邓小平同志在国务院第一次全体会议时说：“什么叫社会主义？它比资本主义好在哪里？每个人平均六百几十斤粮食，好多人饭都不够吃，28年只搞了2300万吨钢，能叫社会主义优越性吗？”[②]1978年9月，在东北三省视察期间，他说：“外国人议论中国人究竟能够忍耐多久，我们要注意这个话。我们要想一想，我们给人民究竟做了多少事情呢？”“我们太穷了，太落后了，老实说对不起人民。”“社会主义要表现出它的优越性，哪能像现在这样，

---

① 中共中央宣传部：《习近平新时代中国特色社会主义思想学习纲要》，学习出版社，人民出版社，2019，第40页。

② 任仲平：《亿万人民的共同事业——纪念改革开放40周年（下）》，《人民日报》2018年12月17日。

搞了20多年还这么穷，那要社会主义干什么？”这一连串的“问号”，实际上是中央为了改善人民的福祉而推进改革的强有力的信号。在地方上，中央定调前“包产到户”这样的改革举措在初始阶段都面临着巨大的政治风险，但像万里等当时的地方领导人，都以无畏的胆魄和对人民的感情毅然作出了为这些改革措施背书的抉择。

在改革措施的出台和推进过程中，要坚持以人为本，民生为重，注重把提高效率同促进社会公平结合起来，通过提高效率来促进发展，同时注重从解决关乎人民群众切身利益的问题入手，努力兼顾好各方面的利益，在经济发展的基础上实现社会公平。通过妥善处理好改革过程中的各种利益关系，使广大人民群众能够共享改革发展的成果，达到以制度建设促进社会和谐、改善人民生活的目标。改革为了人民，人民就有了无限的动力和创造力，改革就能够依靠人民。事实证明，以人民福祉为目标的改革就能够充分发挥群众的首创精神，能够调动各方面参与和推动改革的积极性。改革既要依靠各级党委和政府的坚强领导，又要充分扩大社会参与度。改革的历史也表明，一系列影响重大的改革措施的推出，都是以基层单位的人民群众创造的具体改革经验和做法为基础和依据的。我们的改革始终注重充分尊重群众的首创精神，不断扩大社会公众的参与度，调动和发挥人民群众参与改革的积极性和创造性，努力把政府合理引导、积极推动与充分发挥群众改革创新的自主性、能动性有机结合起来。

第二，坚守市场经济主体平等的理念。什么是市场？最通俗地讲，市场就是人与人交换的一个平台，在这个平台上，人与人的关系是一种平等的交换关系。因此，抛开市场经济的价值规律的运动轨迹，市场静态的基础就是不同产权主体和不同产权主体之间的平等关系。因为分属不同产权，因而有交易之需要；因为有平等之地位，因而有交易之可能。交易越活跃，则市场越繁荣。反之，如果不能使不同产权主体之间保持平等的地位，那就造成重则强取豪夺，轻则打击生产和交易的积极性，都将造成生产的破坏，交易关系就难以持续。正是由于有了这样正确的认识，所以党的十八大提出："保证各种所有制经济依法平等使用生产要素、公平参与市场竞争、同等受到法律保护。"谁来保证各种所有制经济依法平等使用市场要素、公平参与市场竞争、同等受到法律保护？理所当然要靠政府保证。党的十八大有一句名言："经济体制改革的核心问题是处理好政府和市场的关系。"政府职能转变是关键，政府职能转变的方向，是创造良好的市场环境，提供优质的公共服务，维护社会公平正义。政府要营造各种所有制经济公平参与市场竞争的环境，因为如果各种所有制经济不能平等使用生产要素，就不能使其公平参与竞争，如果不能同等受到法律保护，也就是不能参与公平竞争。市场经济作为法治经济，就应当保障各类所有制市场主体公平受到法律保护。从现实情况来看，对一些民营企业尤其是民营非上市公司的合法权利的法律保障程度还难以达到最基本的要求。在市场经济环境下，各类交易主体之间难免发生各种纠纷，而依据法律可预见的、公正的司法处理结果能够消除矛盾，恢复正常的市场秩序。我国司法实践当中企业之间的纠纷处理的干扰因素过多，导致市场主体的合法权利往往难以受到保障，这种现象在民营企业当中尤其显著。更有甚者，一些民营非上市公司的财产权利还受到各种腐败势力的压榨，并难以受到法律的公正保护，其结果是企业创新积极性不足，资本大量外逃。要创造良好的市场环境，就必须保障各类所有制市场主体的合法权利。因此，党的十八届四中全会作出全面推进依法治国的决定，不仅仅是治国方略的重大宣示，同时也是对党的十八大提出的“保证各种所有制经济依法平等使用生产要素、公平参与市场竞争、同等受到法律保护”的要求的具体落实。

四、新时代的全面深化改革

（一）党的十八大以来改革的重要进展和突破

自党的十八大以来，我国的改革进入了新的阶段。在以习近平同志为核心的党中央的坚强领导下，我国不仅有效应对了复杂国际政治经济环境的风云变幻，更在相当不利的条件下取得了经济的中高速平稳增长。十八届三中全会所作出的《中共中央关于全面深化改革若干重大问题的决定》（以下简称《决定》），制定了我国在新的发展阶段全面推进改革开放事业的宏伟蓝图，提出了到2020年全面深化改革的指导思想、总体思路、主要任务、重大举措。以这份全面推进改革的《决定》为基础，中国改革事业在战略布局、改革难点以及市场的地位上都获得了一些重大的进展乃至突破。这些进展和突破主要体现在以下几个方面：

第一，市场在资源配置中的地位获得重大突破。中国改革开放的进程，实际就是从计划作为配置资源的主要手段逐渐变革成为市场成为配置资源的主要方式，市场经济逐步确立，并不断完善的过程。在这个进程当中，市场的力量从无到有、从弱小到壮大。十八届三中全会《决定》旗帜鲜明地提出，使市场在资源配置当中发挥决定性作用，这在中国的改革开放和市场经济发展历史中，具有里程碑式的意义，体现了以习近平同志为核心的党中央，对市场规律的认识在不断提高，这是我党对中国特色社会主义建设规律认识的一个重大突破。从市场的基础性作用到决定性作用，是一个不断深化认识和完善改革的过程，党的十五大提出，使市场在国家宏观调控下对资源配置起基础性作用；党的十六大提出，在更大程度上发挥市场在资源配置中的基础性作用；党的十七大提出，从制度上更好发挥市场在资源配置中的基础性作用；党的十八大提出，更大程度、更广泛发挥市场在资源配置中的基础性作用；十八届三中全会提出，使市场在配置资源中起决定性作用。在十八届三中全会上，习近平总书记指出，从党的十四大以来的20多年间，我国社会主义市场经济体制已初步建立。对政府和市场关系，我们一直在根据实践拓展和认识深化寻找新的科学定位。可以看出，我们对政府和市场关系的认识也在不断深化。中央认为这个问题从理论上做出新的表述的条件已经成熟，应该把市场在资源配置中的“基础性作用”修改为“决定性作用”。

党的十八大以来，我国价格市场化改革加快推进，政府定价范围进一步缩小。根据国家发展改革委对我国价格市场程度进行的测算，2012—2016年各年，我国价格市场化程度分别为94.33%、94.68%、95.16%、96.45%和97.01%。其中，2016年比2012年累计提高2.68个百分点，而2016年、2015年、2014年价格市场化程度分别比上年提高0.56、1.29和0.48个百分点，明显大于2013年0.35个百分点的水平，反映出近3年价格市场化改革步伐明显加快。

党的十九大报告指出，我国经济已由高速增长阶段转向高质量发展阶段，正处在转变发展方式、优化经济结构、转换增长动力的攻关期，建设现代化经济体系是跨越关口的迫切要求和我国发展的战略目标。

第二，供给侧结构性改革取得明显进展。党的十八大以来，中国的经济发展面临着全新的环境和挑战。世界经济衰退，贸易保护主义抬头，世界经济格局面临重新洗牌。与此同时，国内土地、劳动力等要素价格越来越高，资源、环境的约束越来越紧，我国传统的经济发展模式和结构继续进行深刻的调整和改革。中国经济面临着保持一定水平的增速和调结构的两难困境。在这种经济新常态背景下，中央及时作出了供给侧结构性改革的决定和布局，以前所未有的勇气和决心，开启了一场中国经济发展方式向更高形态发展的结构之变。

供给侧结构性改革的核心是“三去一降一补”。去产能，让绝对过剩的产能退烧去热；去杠杆，消除瘀堵虚肿，让资金血脉畅行；去库存，消除困扰发展的炎症病痛；降成本，减税降费，为企业休养生息创造良好的政策环境；补短板，提升基础设施、加强公共服务、培育发展新产业，让经济社会发展强身健体。2016年，化解煤炭产能超过2.9亿吨，压减粗钢产能超过6500万吨。深化供给侧结构性改革的深层次着力点，就是进一步处理好政府和市场的关系。这是经济体制改革的核心问题，也是结构之变的关键。党的十八大以来，国务院取消了大量行政审批事项，国务院各部门取消或下放行政审批事项618项，取消中央指定地方实施行政审批事项283项。中央政府层面核准的企业投资项目削减比例累计接近90%。工商登记前置审批事项中的87%，改为后置审批或取消。在市场体系建设中建立公平竞争审查制度。“简政放权、放管结合、优化服务”的改革得到了有效落实，极大地提升了市场经济的活力。

针对农村发展的短板，党的十九大明确提出了实施乡村振兴战略，并将其与科教兴国战略、人才强国战略、创新驱动发展战略、区域协调发展战略、可持续发展战略、军民融合发展战略并列。针对高新技术的短板，习近平总书记在2018年7月13日召开的中央财经委员会第二次会议上强调，关键核心技术是国之重器，对推动我国经济高质量发展、保障国家安全都具有十分重要的意义，必须切实提高我国关键核心技术创新能力，把科技发展主动权牢牢掌握在自己手里，为我国发展提供有力科技保障。中央对这些经济发展中短板问题的认识和部署，将使供给侧结构性改革发挥出更大的动能。

第三，国家政治体制顶层设计适应了新的要求、获得新的突破。党的十八届三中全会提出：“全面深化改革的总目标是完善和发展中国特色社会主义制度，推进国家治理体系和治理能力现代化。”在长期以经济体制改革为核心的制度背景下，要推进国家治理体系和治理能力现代化，势必要对过去领导改革的行政部门本身进行改革，这就对改革领导者的决策效能和执行力提出了重大考验。

为了推进改革，中央先是设立了中央全面深化改革领导小组，有力提升了改革的决策效能，使过去总是被回避的改革议题，比如户籍问题、农村土地制度问题等，能够集中力量摆脱各种利益羁绊从而获得正面突破。国家治理体系和治理能力提高还体现在我国社会主义民主政治的进步上。坚持党的领导，是我国实现持续发展繁荣的根本保证，而人民当家做主，是中华民族伟大复兴的力量之源。全面深化改革对加强社会主义民主政治制度建设提出了通过各项制度建设，丰富民主形式，从各层次、各领域扩大公民有序政治参与，充分发挥我国社会主义政治制度优越性的总目标。2014年，党中央审议通过了《关于改进完善专题询问工作的若干意见》，明确要求每年安排国务院领导同志向全国人大常委会作专项工作报告，到会听取审议意见、回答询问。专题询问更加规范化、机制化和常态化。2015年6月，中共中央首次以文件的形式转发了《关于加强县乡人大工作和建设的若干意见》，提出了“密切人大代表同人民群众的联系、探索建立代表履职激励机制”等具体措施，为各地积极开展县乡人大建设指明了方向。在创新与实践中，人民代表大会制度不断与时俱进。党的十八大以来，我国的社会主义协商民主建设也获得了很大进步。2015年，中共中央印发《关于加强社会主义协商民主建设的意见》，政党协商、人大协商、政府协商、政协协商、人民团体协商、基层协商和社会组织协商，七种协商民主渠道，从顶层设计的高度，系统谋划了协商民主的发展路径。通过以上种种制度的构建和完善，我国的国家治理体系和治理能力日新月异。党的十九大在政治体制改革上进一步着力，除了成立中央全面依法治国领导小组之外，十九大报告还提出，加强宪法实施和监督，推进合宪性审查工作，维护宪法权威。这是政治体制运行核心内容。党的十九大以来，中央还勠力推进党和国家机构改革，科学划分和调整职能，同时赋予省级及以下政府更多自主权。在省市县对职能相近的党政机关探索合并设立或合署办公。政治体制改革获得长足进展。

第四，反腐倡廉效果显著，依法治国有效推进。进一步推进改革创建良好的经济发展环境，需要廉洁、奉公、高效的党员和公务员队伍。党的十八大以来，党中央对腐败行为的坚决查处，破除了过去一段时间党纪国法松懈滋生的各种潜规则，横扫了贪腐猖獗的不良风气，党纪国法为之肃然而振！中央对于滥权渎职的腐败分子，上至中央常委，下至乡村干部，不管是军方大将，还是地方大员，但凡触犯党纪国法，均依法予以严惩。坚定不移地推进全面从严治党，形成了反腐败斗争压倒性态势。这样大规模的反腐浪潮，激浊扬清，民心得以振奋，党风得以清正，使全体党员干部受到深刻的教育，掌握权力的全体党员干部自觉地规范行使权力，自觉避免滥权渎职行为，这为规范政府权力的行使、保障市场主体的合法权益奠定了良好的基础。

在肃清腐败的基础上，中央通过确立依法治国的方略，从制度建设上保障国家的长治久安。2014年10月底召开的党的十八届四中全会，通过了《中共中央关于全面推进依法治国若干重大问题的决定》。这是中国共产党历史上第一次专门研究法治建设的中央全会。党把自己的路线、方针、政策通过法定程序转化为国家意志，成为全国人民共同遵守的法律规范，实现党的主张和人民意志的有机统一。依法治国的庄严承诺和有效推进，体现了中国共产党已经从一个革命党真正成长成为一个执政党。

在新一轮改革的起点上，如何处理改革和立法的复杂关系，尤显重要。改革必须尊重法律的权威。在2014年中央全面深化改革领导小组第二次会议上，习近平总书记第一次明确提出了“重大改革于法有据”的要求。注重运用法治思维和法治方式推进改革，实现立法和改革决策相衔接，立法主动适应改革，成为全面深化改革的鲜明品格。从摸着石头过河到先立后破，在法治的轨道上推进改革，最大限度地节约改革的成本，同时也分担改革的风险。

在司法层面，中央全面深化改革领导小组第三次会议审议通过的《关于司法体制改革试点若干问题的框架意见》明确提出了改革路径：对人的统一管理，主要是建立法官、检察官统一由省提名、管理并按法定程序任免的机制。对财物的统一管理，主要是建立省以下地方法院、检察院经费由省级政府财政部门统一管理机制。这些改革，有效促进了司法公正，为实现社会公平正义提供了有力的司法保障。啃下这块“硬骨头”，这也是党的十八大以来改革的重大突破。

随着改革的深入和经济社会的发展，纪检监察体制也需要与时俱进，契合形势发展要求。2018年3月11日，第十三届全国人民代表大会第一次会议通过《中华人民共和国宪法修正案》，其中第一百二十五条规定，中华人民共和国国家监察委员会是最高监察机关。2018年3月17日，第十三届全国人民代表大会第一次会议审议通过了国务院机构改革方案，将中华人民共和国监察部并入新组建的国家监察委员会。中华人民共和国国家预防腐败局并入国家监察委员会。不再保留监察部、国家预防腐败局。国家监察委员会的成立对加强党对反腐败工作的集中统一领导，构建集中统一、权威高效的中国特色国家监察体制，实现对所有行使公权力的公职人员监察全覆盖具有重要意义。

第五，生态文明体制改革，为创造绿色环境打下了基础。党的十八大以来，党中央始终把生态文明建设放在治国理政的重要战略位置。首次将生态文明建设与经济建设、政治建设、文化建设和社会建设一起，纳入中国特色社会主义“五位一体”总体布局；十八届三中全会《决定》中，全面、清晰地阐述了生态文明制度体系的构成及其改革方向、重点任务，是将生态文明建设纳入“五位一体”总体布局后的又一大创新；十八届四中全会要求用严格的法律制度保护生态环境；十八届五中全会将绿色发展纳入新发展理念。对生态文明建设的顶层设计密集推出，体现了党遵循发展规律、顺应人民期待、彰显执政担当。

2015年9月22日，被誉为生态文明体制改革“四梁八柱”的关键性文件《生态文明体制改革总体方案》出台，生态文明体制改革的目标被锁定在八项制度——自然资源资产产权制度、国土控件开发保护制度、空间规划体系、资源总量管理和全面节约制度、资源有偿使用和生态补偿制度、环境治理体系、环境治理和生态保护市场体系、生态文明绩效评价考核和责任追究制度；引人瞩目地提出了要树立的六个重大理念——树立尊重自然、顺应自然、保护自然的理念，树立发展和保护相统一的理念，树立绿水青山就是金山银山的理念，树立自然价值和自然资本的理念，树立空间均衡的理念，树立山水林田湖是一个生命共同体的理念。体现党以先进理念引领改革，割裂已经固化的部门利益，通过高层面的协调机制将各类生态资源纳入统一治理的框架之中。

习近平总书记表示，只有实行最严格的制度、最严密的法治，才能为生态文明建设提供可靠保障。党的十八大以来，在生态文明建设领域，制定、修改的法律就有十几部之多。当今中国正以前所未有的速度，构建起最严格的生态环境法律制度。《开展领导干部自然资源资产离任审计的试点方案》和《党政领导干部生态环境损害责任追究办法（试行）》两份改革文件使领导离任审计和责任追究第一次进入了生态领域；《环境保护督察方案（试行）》推出后中央环保督察组相继进入23个省区市，问责超过万人。为转变发展观念、打破“唯GDP论”，《生态文明建设目标评价考核办法》公布，生态责任成为政绩考核的必考题。

党的十八大以来，生态文明体制改革形成了全面铺开、点上突破、上下互动、统筹推进的良好局面。2013—2016年，全国空气质量达标的城市从3个增加到了84个；2016年优良天数比例达到了78.8%，同比提高了2.1个百分点，城市颗粒物浓度和重污染天数持续下降；2016年，全国水质优良断面比例同比上升3.2个百分点；大气、水、土壤污染防治三大战役取得了阶段性成效。长期困扰我国的生态问题得到了初步的扭转。党的十九大明确指出：“建设生态文明是中华民族永续发展的千年大计。”中央对环境保护工作的重视前所未有，多次开展环保督查，有力地缓解了环境问题。十九大以来，加强对生态文明建设的总体设计和组织领导明显加强，并通过机构改革设立国有自然资源资产管理和自然生态监管机构，将自然资源保护法治化、制度化。

第六，深化国防和军队改革，为增强国防能力、实现国防现代化做出了重要贡献。一支军队，只有勇于变革，才能永远立于不败之地。2012年11月15日，习近平主持新一届中央军委第一次常务会议时就鲜明提出，始终以改革创新精神开拓前进，深入推进中国特色军事变革，努力夺取军事竞争主动权。2013年11月，党的十八届三中全会召开。经习近平提议，党中央决定将国防和军队改革纳入全面深化改革的大盘子，上升为党的意志和国家行为。在党的历史上首次将深化国防和军队改革单独作为一个部分写进全会《决定》。2015年7月中央政治局常委会会议，正式审定通过《深化国防和军队改革总体方案建议》。

军事上落后会被动挨打，而政治上蜕变则不打自垮。改革强军，首先要拨乱反正，激浊扬清。习近平在全军政治工作会议上一针见血地指出了部队中特别是领导干部中存在的突出问题。随后掀起军队反腐风暴，郭伯雄、徐才厚等“大老虎”纷纷落马。在关键时刻挽救了人民军队，也为人民军队改革奠定了思想政治基础。

深化国防和军队改革千头万绪，必须牵住牛鼻子。习近平把改革的突破口，放在了打破总部体制、大军区体制和大陆军体制上。把总部制改为多部门制，指挥、建设、管理、监督等路径更加清晰，决策、规划、执行、评估等职能配置更加合理，更加聚焦战略谋划和宏观管理职能，使军委机关真正成为军委的参谋机关、执行机关、服务机关。成立中央军委联合作战指挥中心，建立健全军委、战区两级联合作战指挥机构，构建了平战一体、常态运行、专司主营、精干高效的战略战役指挥体系，重塑了人民军队的指挥架构，使人民军队联合作战指挥体制迈出了关键的一步。成立陆军领导机构、火箭军、战略支援部队，大幅压减了陆军规模，陆军占全军总员额的比例降到了50%以下；以原18个集团军为基础，调整组建13个集团军，调整优化了结构布局。

党的十八大以来，我军改革取得了丰硕成果，领导管理体制实现历史性变革；联合作战指挥体制取得实质性突破；规模结构和力量编成实现体系性重塑；联勤保障体制改革完成关键跨越；军队院校、科研机构、训练机构改革迈出坚实步伐。可以展望，未来改革必将取得更大的丰硕成果，我们的“强军梦”必将实现。党的十九大提出确立新时代党的强军思想在国防和军队建设中的指导地位，为实现党在新时代的强军目标、把人民军队全面建成世界一流军队提供了根本引领和科学指南。牢固确立新时代党的强军思想在国防和军队建设中的指导地位，对于坚定不移走好中国特色强军之路，全面推进国防和军队现代化，具有重大现实意义和深远历史意义。

第七，文化体制改革推动了文化事业的繁荣。2014年早春，习近平总书记主持召开中央全面深化改革领导小组第二次会议，审议并通过了《深化文化体制改革实施方案》。该文件明确了改革的指导思想、目标思路、主要任务和政策保障，细化为104个重要改革举措及工作项目，为今后一个时期的文化改革发展规划了路线图、明确了时间表、布置了任务书。

深化文化体制改革，就是要更好地出精品、出人才、出效益。2015年10月，中办、国办印发《关于全国性文艺评奖制度改革的意见》，推动文艺创作从高原走向高峰。

在公共文化服务方面，2014年12月，中央全面深化改革领导小组第七次会议审议通过《关于加快构建现代公共文化服务体系的意见》。随后《中华人民共和国公共文化服务保障法》出台，把城乡基本公共文化服务标准化、均等化纳入国民经济和社会发展总体规划及城乡规划，开启了我国公共文化服务体系建设的新时代。党的十八届三中全会将构建现代公共文化服务体系，促进基本公共文化服务标准化、均等化，作为全面深化改革的重点任务之一。

在互联网时代，整个舆论生态都在发生深刻变化。2014年8月，习近平总书记主持召开中央全面深化改革领导小组会议，部署推进传统媒体和新兴媒体融合发展。随后，中办、国办印发《关于推动传统媒体和新兴媒体融合发展的指导意见》。2017年5月，经中央批准印发《关于实施网络内容建设工程的意见》，对加强网络内容建设作出全面系统部署，网络内容建设全面展开。2017年6月，《中华人民共和国网络安全法》正式实施。

党的十八届三中全会以来，文化体制改革攻坚克难、全面发力，一些重大改革取得突破性进展，改革主体框架基本确立，重点改革支撑作用日益凸显，文化活力迸发，文化魅力生长。要通过文化建设，实现党的十九大提出的目标，引导人们树立正确的历史观、民族观、国家观、文化观。

（二）必须进一步解放思想，以更大勇气和决心推进改革

党的十八大以来的改革取得了巨大成就，但改革没有完成时，只有进行时，在改革40周年之际，中国的改革事业仍然需要在诸多议题上深入推进。必须进一步解放思想，以更大的勇气和决心才能推进改革。

第一，国有企业改革仍有待突破。我国的国有企业改革几乎伴随着改革的全程，从放权让利到利改税再到承包制，以及到股份制改革、建立现代企业制度，国有企业改革历经长时间的摸索。但是国有企业改革不能就事论事，必须同整个改革密切联系起来。因此，以下几点是非常重要的：

一是坚持基本经济制度，充分发挥各种所有制经济的积极作用。党的十八大重申了“两个毫不动摇”即“毫不动摇巩固和发展公有制经济”“毫不动摇鼓励、支持、引导非公有制经济发展”；提出了“以公有制为主体，各种所有制经济共同发展的基本经济制度”。这是我国在社会主义实践中探索和创造的重要经验。但是最近还有人认为，按照《共产

党宣言》："消灭私有制"的要求，改革以来不仅没有消灭私有制而是大力发展了私有化，"处于资本主义原始积累时期的野蛮的资本主义国家"，并号召"私企的共产党员站在工人阶级一边与资本家作斗争，夺回劳动成果，推翻剥削制度"。企图全面否定改革开放以来党的路线和方针政策。

消灭私有制，在我国和苏联都实践过，都以失败而终结，难道还要以惨重的代价再搞一次吗？我国有一些"理论家"以本本为依据，批私有化，否定改革成果。我们必须在理论和实践上回答这个问题。时任国资委主任肖亚庆2017年12月13日在《人民日报》上宣布："目前，国资监管系统企业资产总额达到144.1万亿元，上缴税费约占全国财政收入的1/5，增加值约占全国GDP的1/7，2016年进入世界500强的国有企业83家。""国有企业为推动我国经济社会发展、保障和改善民生、增强我国综合国力做出了重大贡献。"如果私有化了，国有企业还有那么大的作用吗？

我不赞成我国私有化，但调整所有制结构，探索公有制的实现形式，发展非公有制经济，是改革的需要，是时代的需要，是人民的需要。国有资产从固化的实物形态转化为流动的资本形态，不是私有化，而是在流动中实现国有资产的保值增值。

邓小平同志说过，中国改革开放以来取得的成绩，不是靠什么本本，而是靠实践。1984年10月十二届三中全会通过了《中共中央关于经济体制改革的决定》（以下简称《决定》），邓小平同志对这个《决定》给予了很高的评价，他说："这次经济体制改革的文件好，就是解释了什么是社会主义，有些是我们老祖宗没有说过的话，有些新话，我看清楚了。过去我们不可能写出这样的文件，写出来也不容易通过，会被看作‘异端’。我们用自己的实践回答了新情况下出现的一些新问题。”[①]老祖宗没有说过的话，就是《决定》里提出的社会主义商品经济。我当时参加了《决定》的起草工作并主张把商品经济写进《决定》，但是当时阻力很大，有人认为社会主义只能是计划经济，而不是商品经济。当时中央认真听取了实践中的意见，最终把社会主义商品经济果断地写进了《决定》。

习近平总书记于2017年7月26日在省部级主要领导干部学习班上强调“理论必须同实践相统一”，“要保持和发扬马克思主义政党与时俱进的理论品格，用于推进实践基础上的理论创新，时代是思想之母，实践是理论之源”。

二是坚持现代企业制度的改革方向。公有制与市场经济相结合是中国特色社会主义努力探索的重大课题。“产权清晰、权责明确、政企分开、科学管理”的企业改革方向不能动摇。产权清晰，就是企业拥有的包括国家在内的出资者形成的全部法人财产权，享有民事权利，承担民事责任。企业及其全部法人财产依法自主经营，自负盈亏；出资者按投入企业的资本额度享有所有者的权益，对企业债务承担有限责任；按照市场需要，组织生产经营，政府不直接干预，长期资不抵债的依法破产，建立科学的企业领导体制和组织管理制度。

① 邓小平：《邓小平文选》第3卷，人民出版社，1993，第83页。

要在国有企业的制度性改革上下功夫，实行“三大”转变：要从企业法调节向公司法调节转变，从管企业转向管资本为主，从行政隶属关系转向为股权关系。切实做到政企分开、党政分开、所有权与经营权分开，走出“一管就死，一死就叫，一叫就放，一放就乱”的怪圈。

三是坚持和加强国有企业党的建设。加强党对国有企业的领导是搞好国有企业的重要保证。但如何正确、全面理解和执行加强党的领导？

加强党对国有企业的领导并不是对企业事无巨细都要管，而是党委要把大事、方向性的问题抓住不放。加强党对国有企业的领导就是要在党的领导下充分发挥股东会、董事会、职工代表大会和经管班子的积极性和创造性，只有企业的经济效益提高了，产品质量提高了，创新能力和竞争力提高了，才能真正体现党的领导的成果。

马克思主义强调物质决定意识，生产关系决定上层建筑。改革本身就是为了不断适应生产力的发展。改革40年，我国的生产力状况和生产关系都发生了巨大的变化，事实证明，这40年的生产关系的变化调整适应并促进了生产力的发展，才有了我们今时今日丰富的物质基础。整体上，国有企业当前仍是推动我国经济发展中非常重要的力量，但如前所述，代表中国经济发展状况的不再仅仅是国有企业，民营企业创造的生产总值占我国国内生产总值的50%以上；民营企业贡献的税收超过国有企业占国家税收收入的50%以上，部分省份甚至超过70%；民营企业提供了80%的城镇就业岗位，吸纳了70%以上的农村转移劳动力，容纳了90%的新增就业。根据2016年11月发布的《2015年度中国慈善捐助报告》，民营企业成为捐赠主力军，其捐赠额占企业年度捐赠总额的52.24%，较国有企业高出19.47个百分点。因此，在生产力和生产关系都发生巨大变革的情况下，我们在这样新的历史时期，考量国有企业的改革问题，不能还是用20世纪80年代、90年代初的思维定式来考虑下定论。新时期的改革决策者更需要站在经济全局的高度去认识和处理国企问题。国企的改革方向必须要符合十八届三中全会提出的使市场在资源配置中起决定性作用的决定，必须要符合十八届四中全会提出的依法治国、法治社会的要求，必须要从降低整个社会、整个经济体的运行成本、制度成本继而促进整个经济社会发展全局的角度去考量国企改革的方向和措施。譬如反对行政垄断、提高提供能源交通通信服务的国企的效率，降低能源交通通信等基础产品和服务价格，整个经济体的成本就会降低，我国的产品和服务在国际上就会有更强的竞争力，我国经济的发展后劲就更足。与此相比，如果不顾市场和法治，以行政手段去强化提高这些国企的"盈利水平"，这些国企确有可能表面上实现做大做强的目标，但显然与整个国家的发展目标背道而驰。因此，新时期的国企改革，必须认清新时代的特征和需求，作出科学的决策和判断。

第二，财税体制改革仍有待突破。当前我国的改革发展当中面临诸多挑战，对金融安全造成潜在的威胁，这也是去杠杆的重要原因之一。虽然目前地方债尚未构成直接现实的危险，但是我国财税体制事权和财权不匹配、归属于地方的直接税少而间接税多的情况使得这种威胁没有明确的地方财政解决之路。类似房地产税这样的直接税的缺失，使得房价飙涨，严重扭曲经济发展的正常路径，严重透支居民消费能力，继而造成系统性的风险。要破除这一风险，就必须对财税体制进行改革，并取得实质性的突破。财税体制突破的必要性还体现在如下几个方面：首先，财税体制改革关系着纳税人尤其是纳税企业的负担。据一些学者统计，2015年中国GDP是67.6万亿元，财政收入为26.67万亿元，宏观税负为39.4%（这里有重复计算部分）。与国际比较，我国是宏观税负较重的国家之一。政府行政性收费多，增加了企业的负担，影响了企业的发展。其次，财税体制改革又紧密连接着行政体制改革。我国政府的优越性首先应当体现在政府效能要超越西方国家上。做同样的管理工作、提供同样的公共服务，成本（也就是老百姓缴纳的税费）应当是更低而不是更高。但是，现实情况并不如人意，这固然是因为我国政府还承担了大量投资的职能，但政府直接成为市场主体，其效能是让人怀疑的，也不符合十八届三中全会提出的让市场在资源配置中发挥决定性作用的要求。这意味着我国行政体制还有很大改革空间。如何在宪法基础上，真正通过深化改革约束政府的财政收入和支出，让广大人民群众能够有效监督政府收入和支出？同时，科学分配中央与地方的财权和事权，理顺中央与地方关系，这是行政体制改革的重大内容。再次，财税体制改革还密切联系着民生。党的十八大以来，以习近平同志为核心的党中央，强调民生工程。取之于民、用之于民，人民得到的实惠不断提高。但同一些宏观税负比较接近的国家相比，在社会福利支出方面（教育、卫生、医疗、社保等），我国还有很大差距。这都需要以财税体制改革为切入点，落实简政放权，倒逼行政体制改革，压缩行政支出，真正让税收取之于民、用之于民，让人民有改革的获得感。不折不扣推行这些改革，必将民心大悦，民心大振，民心归一。

第三，准确把握互联网时代的政府作用。党的十八大以来经济社会发展最大的特征是互联网和移动互联网的崛起。据统计，截至2017年12月，我国网民规模达到7.72亿人，其中移动互联网用户达到7.53亿人。信息交流的便捷和覆盖面的广大对经济社会乃至经济理论都产生了深远的影响。从某种程度上，这也是一场“三千年未有之大变局”。结合正在发生的智能工业革命，世界各国都力争在这一潮流中把握先机，取得优势。作为在上一个变局中因为闭关锁国而导致落后挨打的国家，中国人民在这方面尤有痛感。因此，在这个全新的互联网时代，中国人迸发出前所未有的行动力和创造力，在互联网应用的诸多方面，甚至取得了世界领先的优势。当然，由于科技研发体制仍有待进一步的优化，我国的互联网应用大多以服务业为主，包括金融服务业。但是，仅仅是服务业的互联网化，就已经给当下的经济社会状况带来了巨大的冲击。其中包括阿里、京东这样的电商平台和快递公司的迅速崛起，引发线下服装、小商品市场和门店的衰落；互联网金融的勃发和动荡，乃至我国在世界处于领先地位的第三方支付带来所谓“无现金社会”的兴起；互联网社交带来的信息流转的加速度；等等。这些互联网带来的新业态有许多方面游离于我们过去的监管体制之外，这些监管机制，有些是必要的，比如防止非法集资的金融监管措施、针对第三方支付的规范等，尤其是对第三方支付的规范，因其属于金融领域，涉及诸多的公民隐私以及可能导致的数据寡头垄断，既有可能促进我国的金融的发展，又会对我国的金融安全产生重大的负面影响，必须用有效的规范来去弊兴利。有些规定则是本来就应当被淘汰的，还有一些则是在新经济背景下不合时宜的。譬如已经取消的过去对快递行业的限制。这种情况对政府管理部门的监管理念、监管能力都提出了巨大的挑战。如果监管抱残守缺，则有可能因噎废食而使我国互联网新业态的发展被竞争对手所超越；而如果监管缺位，类似非法集资、监管套利就会影响正常的经济秩序乃至对国家安全造成威胁。对互联网新业态的适度监管程度的拿捏，是当前和今后一个时期对政府管理部门的重要考验。另外，政府管理部门除了发挥直接的监管功能之外，还担负着与监管融合的裁判功能。譬如反垄断，一方面，互联网时代的一个副作用是垄断变得更加易如反掌，互联网产业往往号称有第一就没有第二的生产空间，互联网的跨界搏杀能力更使得垄断能够涵盖诸多领域；另一方面，这个互联网的大时代也是智能制造的时代，各种创新创意层出不穷，经济持续发展有赖于源源不断的创新创意，要保护人们创新创意的积极性，就必须加强对专利和非专利知识产权的保护并反击垄断对创新的伤害。综合以上两点，在互联网时代，就要特别注重加强反垄断的力度，加强对知识产权和各类创新创意的保护。

第四，把保护人民人身权、财产权、人格权作为夯实从富起来到强起来的基石的重要条件。如前文所述，改革开放40年来社会生产力飞速发展，社会财富迅速增长，人民生活得到逐步改善，我们即将达到全面建成小康社会的目标，一些从市场经济中摸爬滚打出来的精英和弄潮儿已经提前达到了富裕水平。无论是先富起来的群体，还是生活小康的群众，在衣食无忧之后最先考虑的无非是两点：一是自己的财产能否得到保障，良好的物质生活条件能否延续；二是更加关注精神方面的需求，首先是人格尊严得到保障。这两种需求实际是一体两面的，如果一个社会不能够有效保障人民群众的人格尊严，那么良好的物质生活条件随时也会被剥夺，老百姓就变成了“圈养动物”。这与我们社会主义的发展目标是格格不入的。同时，资本从收益低的地方向收益高的地方流动，财产也从产权保护水平低的地区流向产权保护水平高的地区。过去的一些侵害企业家产权的负面案例表明，侵害企业家的财产权，从来就是与侵害人民群众的人身权、人格权联系在一起。人身权、财产权、人格权保护得不到位，自然就导致了企业家和社会精英阶层的移民倾向，造成人才和财产的双重流失。为杜绝这些现象，夯实从富起来到强起来的基石，中央先是在十八届四中全会出台了《中共中央关于全面推进依法治国若干重大问题的决定》，而后又专门出台了《关于完善产权保护制度依法保护产权的意见》，中央对这些问题不可谓不重视。党的十九大报告又明确提出了保护人民人身权、财产权、人格权，可见中央决策层面对这一问题的认识更加深入。在全面深化改革的新时期，各级公权力部门务必要把中央的这些政策方针落实到位，依法保护好人民人身权、财产权、人格权，才能够满足人民群众对美好生活的向往。

当前，中国特色社会主义进入了新的发展阶段。我们必须准确地把握社会主义初级阶段不断变化的新特点。在中华民族实现了从站起来、富起来到强起来的历史性飞跃的基础上，通过“五位一体”改革把中国特色社会主义进一步推向前进。

（本文原刊于《全球化》2017年第9期，后经补充、修改）

没有一流企业家就没有一流的企业

——华为成功的十条经验

高尚全

会议主持人要我讲讲企业家的作用和企业家的精神，所以我今天讲的题目是“没有一流企业家就没有一流的企业”。这个题目包含了企业家精神和企业家的作用。

什么是企业家？现在议论很多，我查阅了百度关于“企业家”的词条，里面没有给出确切的定义。社会上对企业家有各种各样的议论。我的理解，企业家就是企业的创业者和创新者，是企业的掌门人。亚布力中国企业家论坛上，新东方董事长俞敏洪有个讲话，讲到“致敬任正非、告别马云”，我认为马云是个很出色的企业家，当然也有局限性。我看过马云与马斯克的对话。马云说，地球上要做的事很多，你到其他星球上干什么？马斯克到星球上移民，移民首先需要火箭，火箭成本高怎么样回收，这些前人未有过的创新他都实现了。我看了《乔布斯传》《马斯克传》，很有感触，我很崇拜他们，他们都是世界一流的创新型企业家。

2016年我写了一篇文章，《关于推进供给侧结构性改革的几点思考》。当时社会上对“供给侧结构性改革”议论纷纷，一种是“万能论”，什么都往里面装。另一种是“无用论”，认为供给侧结构性改革是搞私有化，这两种议论都有。我说供给侧结构性改革核心是处理僵尸企业，不是搞私有化。我讲了9点看法，第8点是“人的自由和全面发展，是创新的动力之源”。这里面有几点，乔布斯的思维，他是斯坦福大学出来的，他成功以后回到斯坦福大学讲话，讲话结束以后学生提出来两个问题：一是我怎么会像你？二是我怎么会变成你？乔布斯的回答是：different think。这是乔布斯的思维，是创新思维。

第二个讲的是邓小平同志创新思想，他对十二届三中全会《决定》①的评价很高，他认为《决定》回答了什么是社会主义，怎样建设社会主义，讲了老祖宗没有说过的话。过去老祖宗没有说过的话你不能说的，但是《决定》讲了老祖宗没有说过的话，这就是创新。

第三讲的华为，我认为“华为走上了自主创新之路”，创新之路以客户为中心，奋斗者为本理念激发了创新动力。华为的创新是开放的创新，是站在巨人肩膀上的创新和发展。这份材料报上去后领导很重视，有的领导批示说：很好，领导讲话当中可吸收，可告高老。

我今天讲的题目是“没有一流企业家就没有一流的企业”，有了一流企业家才会有一流企业。我今天按照社会评价，华为是一流企业，从小企业发展壮大起来，开始的时候任正非搞交换机贸易起步。小企业最终变成世界一流企业，到底依靠什么？特朗普下命令打压华为，把华为列为黑名单，为什么把华为作为打击对象？这引起了我的思考。

我跟华为创始人任正非有10多次的交谈，在交谈中受益良多，对华为有较深的了解。我们是患难之交。1997年我参加党的十五大报告起草工作，当时有人说华为姓“资”不

① 指《中共中央关于经济体制改革的决定》。

姓“社”，其理由一是没有国家投资，二是搞了员工持股，因此没有坚持社会主义方向。这个材料转到我手里，我负责文件起草的改革部分，我感觉改革发展要提倡的东西有人却要打压，所以我是反对这种声音的。但是为了更有说服力，我到深圳做了调研。当时深圳市委书记是厉有为，他很支持我的看法，并配合我的调查。调查的结果是：国家没有投资一分钱，职工持股以后，职工内在动力激发出来，企业发展了，职工得到了红利，职工富起来了，解决了大量就业机会，国家得到了大量税收，并为社会创造了大量的就业。因此，我们必须大力保护这样的企业和企业家。

党的十五大报告里面写上了一句重要的话，“劳动者的劳动联合和劳动者的资本联合为主的集体经济，尤其要提倡和鼓励”。后来没有人再打压华为了，但是华为任正非不知道。后来浙江大学管理学院接替我的吴晓波院长，对华为高级顾问田涛说：“我们高院长早就支持华为了。”任正非知道这个故事后带了田涛顾问到北京来，见面第一句话，就是说您是我们的恩人，怎么不跟我们说一下。我说第一，我不是为了你们一个企业，是为了整个改革，企业光靠国家投资，国家没有那么多钱，有那么多钱效益也不会好，众人拾柴才能火焰高。那种认为国家投资是社会主义，私人和社会投资是资本主义的观点是错误的。第二，我支持你们没有想法，不图回报。我到华为许多次了，但是没有一次要华为给我买机票。就这样，我们建立了一份深厚的感情，特别是遇到大的问题时，我们的交流就多一些。

我在10多次交谈当中，了解到华为怎么样成为一流企业，虽然国家没有投入，但是对国家、对人民做出巨大贡献。2018年，国内纳税总额890亿人民币，十年来累计4689亿元；销售收入7215亿元，70%来自国外；解决了18万人就业机会。而且华为在全球排名从2010年的393位上升到2019年的61位，这是跳跃式发展。全球约30亿人口使用了华为设备，这样一个企业，国家没有投入，变成了世界一流企业，成功之道是什么？我经过深入学习思考归纳为十条经验。

第一，以客户为中心，为客户服务是华为存在的唯一理由。客户需要是华为发展的原动力。

华为创始人任正非说过，我们没有什么背景，也没有什么资源，我们除了拥有自己其他一无所有，一切进步掌握在自己手里，不在别人手里。知识与文化力量是巨大的，不是上帝给的。这是华为成功的动力之源。虽然任正非说华为没有成功，华为只是在成长。

第二，以奋斗者为本，长期坚持艰苦奋斗。

华为快速发展的内生动力就是华为实现职工持股，使员工成为企业主人。我们过去说员工是企业主人比较虚，但是华为员工真正成为企业主人。我看过对诸城国有企业的300名青年工人的问卷调查，其中一个问题是：假如有人偷公家东西你怎么办？设定三个答案：一是进行斗争，二是装作没看见，三是你偷我也偷。无记名投票结果，选择斗争的只有14人，220人选择装看不见，66人选择你偷我也偷。国外有一个加拿大，国内有一个“大家拿”，当时流行一个顺口溜：“亏损好，亏损好，评比检查不来了，工资奖金少不了。”华为解决了这个问题。

我看过华为的一个员工到非洲小岛上开发的故事。他一个人、一条狗、一个厨师，这个地方很落后，每天只有一个小时有电供应，在这样一个艰苦条件下他坚持下来了，后来在小岛上建立了华为先进的设备。为什么一些国家发生了地震，华为职工第一时间去第一线。核污染，日本人往外撤退的时候，华为员工进去了。首先他们有贡献精神，华为基站受到了冲击，如果不去，整个地方通信都受到影响，所以华为碰到这样的情况，都是冲到前面。任正非说员工必须是“打粮食”，创造财富。有一次任正非跟我交谈的时候，一个华为年轻人进来了，任正非发现就发火了，你来干什么？把工作证没收后赶出去，后来跟他解释这是误会：我要了解华为成长的经历中，年轻员工做了什么？有人把这个年轻人作为一个典型推荐给我，他也不知道任正非在这里，他就进来了，任正非发现后说，你“不打粮食”进来干什么，找什么关系？后来经我解释，才消除了误会。

第三，建立员工、客户、投资者利益共享机制。

华为公司成立以来，比较注意资本收益与劳动收益的平衡，在《华为基本法》中也有所体现。第一次任正非来北京和我交流的时候，从下午3点一直到晚上11点，谈得很广泛，我说我们国家存在着资本收益远大于劳动收益的问题，但是国家解决起来比较困难，在你的企业解决起来比较容易一点，如果不解决这个问题，高管持股比例就高，收益就高，造成劳资矛盾突出，所以为了缓解矛盾，资本收益、劳动收益要平衡。后来华为提出了资本收入1，劳动收益3，这样的比例分配。外国学者对华为的经验很感兴趣，“资本为王”“资本收益最大化”，产生了一些突出问题，他们认为华为解决得比较好，所以他们要研究华为分配机制。

第四，竞争力来自创新力。

华为5G领先，除了员工有内在动力机制，我觉得还有一些华为成功的地方。第一，华为大量投入科研。华为研发投入占销售收入以前是10%，最近几年增加到15%，所以这样的投资投入研发，才有华为持续的创新能力。这样的投入研发，推动了技术进步，增强了竞争力。2017年华为科研投入897亿元。新东方老总说他买了中兴股票现在还没有回本，中兴一年科研投入只有十几亿元，与华为无法比，科研经费大量投入为创新打下基础。第二，华为员工当中45%是搞研发，搞技术创新，华为员工中3万人是外籍人员。第三，把研究中心建立在有能人的地方，在国外寻找市场。有创新能力的人才，科学家在不影响工作前提下搞研究，还能增加收入，所以很乐意与华为合作，外部力量对华为技术领先也是起了重要作用。

第五，忧患意识、自我批判是华为不倒的重要原因。

1998年任正非说，华为是否会垮掉，完全取决于自己，取决于我们的管理是否进步。管理是否进步，一是核心价值观能否让我们的干部接受，二是能否“自我批判”。2008年他又说：华为奋斗的实践，使我们领悟了“自我批判”对一个公司有多么重要。如果我们没有坚持这条原则，华为绝不会有今天。没有自我批判，我们就不会认真听取客户的需求，就更不会密切关注并学习同行的优点，就必然被竞争激烈的市场环境所淘汰。

田涛所著的《下一个倒下的会不会是华为》，我认真细读了两遍，受益很多。以华为的兴衰逻辑的故事，叙述了华为创新的历程，充分说明靠这种忧患意识和自我批判才有华为的今天。

第六，重视基础研究和基础教育是振兴华为的根本。

华为长期重视基础研究和基础教育，认为没有基础研究，产业就会架空。一个产业的诞生和振兴，需要无数科学家的百年的开放合作，需要坐十年冷板凳的科研精神。基础研究的根本在于基础教育，需要形成一片人才黑土地。所以华为是用最优秀的人培养更优秀的人。

第七，任正非以身作则，榜样的力量是无穷的。

任正非是华为的创始人，投资2.1万元起家的，但本人的股份只有1.4%，98.6%由员工分享。为了华为的生存和发展，他敢大胆直言。有一次请了几位科学家座谈华为未来的发展方向，由值班CEO徐直军主持，食堂给了任正非一个大馒头加酱豆腐，看他吃得津津有味，还抢着发言。

他平易近人，生活简朴，我们交谈时，他自己开了车来的，没有前呼后拥。他公差出去往往也是一个人，这是榜样的力量。华为建立了一套严明的奖惩制度，奖励提拔屁股对着老板的人。光为领导服务就疏忽了为客户服务。我听任正非讲了一个故事，他发现下面业务部门作假，毫不留情做了处罚，任正非说我有领导责任，所以我罚100万元，下面值班CEO每人被罚50万元。

第八，将合规落实到所有业务活动和员工管理中。

华为从2007年建立贸易合规体系，组建由集团首席合规官负责的全球合规责任体系。法律道德与全球合规是华为在全球生存、服务、贡献最重要的基础，并将合规落实到所有业务活动和员工管理中。

第九，公司治理从人治走向法治。

华为刚开始实行高度集中的管理体制，任正非说权力太集中风险太大，人在机构在，人不在机构就亡了，所以在公司治理上努力探索法治化的道路，权力适当分散以调动方方面面的积极性，建立了值班CEO制度，是一个有效的举措，日常工作由值班CEO轮流承担起来，而且可从CEO当中培养接班人。把董事长、总经理虚设，只有否决权，其他都是值班CEO掌握。

第十，深圳为华为创造了经济环境、法律环境和营商环境。

华为在深圳，如果华为在别的地方，可能华为没有今天。为什么？因为深圳有这样的环境，为创造一流企业，打造经济环境、法律环境、营商环境。昨天国家发改委宏观研究院常修泽教授在深圳参加会议，讲解国家为何支持深圳作为中国特色社会主义先行示范区，说深圳不是现在才重视这个问题，早在2001年深圳高级顾问会议就讨论深圳如何建设中国特色社会主义示范区，18年前就讨论这个问题了。当时一位高级顾问黄涤岩，是中国银行香港负责人。他提出了我们要建设中国特色社会主义示范区，要当样板，首先应回答什么是中国特色社会主义。这个前提不确定、不明确怎么能建设示范区。参加会议的我当时讲了中国特色社会主义：主要是四条，第一是以民为本，这是中国特色社会主义的出发点和落脚点；第二是市场经济，这是中国特色社会主义的运行基础；第三是共同富裕，这是中国特色社会主义的重要目标；第四是民主政治，这是中国特色社会主义的的重要保障。其后，马洪同志提出，这四条很好，建议再加一条中华文化。所以第五条中华文化，是中国特色社会主义的内在要求。这五条在网上至今还保留了，18年前的东西网络上都记录下来了。深圳市有关领导很重视，因为这是中国特色社会主义示范区很重要的历史材料，国家支持中国特色社会主义示范区，首先你要了解历史，深圳是中国改革的窗口，一直走在前面，18年前就讨论怎么样建设中国特色社会主义示范区。

我把华为为何成为世界一流企业做了十条归纳，讲得不妥的地方请大家指正，谢谢。

——2019年9月21日在复旦大学的演讲

（此讲稿经修改，以《如何读懂中国华为——华为成功的十条经验》为题在2019年10月26日“读懂中国”广州国际会议上发言）

附录二 主要学术论著

一、在国内外出版的主要著作（34部）

1. 《中国改革开放四十年》，人民出版社2018年版。

2. 《有效市场和有为政府》，中国金融出版社2016年版，2017年增订。

3. 《论改革的逻辑》，人民出版社2015年版。

4. 《改革只有进行时》，人民出版社2013年版。

5. 《改革建言与领导批示》，人民出版社2013年版，2017年增订。

6. 《中国改革新论》，人民出版社2012年版。

7. 《人民本位论》，与傅治平合著，人民出版社2012年版。

8. 《创新政府》，与傅治平等合著，人民出版社2012年版。

9. 《高尚全经济文选》，“中国时代经济名家经典文丛”，中国时代经济出版社2011年版。

10. 《亲历思想解放——高尚全谈改革》，中国友谊出版公司2009年版。

11. 《政府转型》，经济科学出版社2008年版。

12. 《改革文集》，经济科学出版社2008年版。

13. 《改革访谈》，经济科学出版社2008年版。

14. 《改革历程》，经济科学出版社2008年版。

15. 《高尚全改革论集》，中国发展出版社2008年版。

16. 《民本经济论》，社会科学文献出版社2005年版。

17. 《高尚全文存》（共六卷），中国经济出版社2001年版。

18. 《论体制创新》，广东经济出版社2001年版。

19. *Two Decades Reform in China* ，World Scientific Press，1999.

20. 《市场经济与中国改革》，广西人民出版社1999年版。

21. 《香港和深圳资本市场研究》，经济科学出版社1999年版。

22. 《稳定与繁荣：走向21世纪的香港经济》，经济科学出版社1998年版。

23. *Second Revolution Historic Changes in China's Economic System*，Joint Publishing，1998.

24. 《中国市场经济纵论》，香港三联书店1998年版。

25. 《社会主义市场经济概论》，上海远东出版社1994年版。

26. *China's Economic Reform*，Macmillan Press Ltd.，1996.

27. 《中国经济制度的创新——从计划经济走向社会主义市场经济》，人民出版社1993年版。

28. 《论计划与市场》，人民日报出版社1992年版。

29. 《中国的经济体制改革》，人民出版社1991年版。已被译成英、日文。

30．《强国之路》，改革出版社1991年版。

31．《高尚全选集》，“经济学家论丛”，山西人民出版社1989年版。

32．《九年来的经济体制改革》，人民出版社1987年版。获全国图书二等奖。

33．《希望之路：中国经济体制改革的成就与展望》，中国青年出版社1987年版。

34．《走我国自己农业现代化的道路》，农业出版社1982年版。

二、在《人民日报》发表的文章（34篇）

1．《让改革精神薪火相传》，《人民日报》2018年3月27日第7版。

2．《供给侧结构性改革应注重精准》，《人民日报》2016年8月9日第7版。

3．《互联网推动农村巨变》，《人民日报》2015年7月20日第7版。

4．《邓小平与社会主义市场经济》，《人民日报》2014年11月30日第5版。

5．《全面建成小康社会需补齐农村短板》，《人民日报》2015年11月9日第7版。

6．《市场决定资源配置体现市场经济规律》，《人民日报》2014年3月26日第7版。

7．《为改革研究提供有益参考》，《人民日报》2013年2月26日第7版。

8．《改革是我国发展的最大红利》，《人民日报》2013年4月18日第7版。

9．《改革开放是当代中国发展进步的活力之源》，《人民日报》2013年11月11日第7版。

10．《竞争性分配改革符合社会主义市场经济规律》，《人民日报》2011年12月30日第13版。

11．《通过深化改革推动经济发展方式转变》，《人民日报》2010年7月27日第7版。

12．《继续深化改革应坚持的几个原则》，《人民日报》2009年2月10日第7版。

13．《在扩大内需中改善民生、深化改革》，《人民日报》2009年1月14日第7版。

14．《把打破垄断作为深化改革的突破口》，《人民日报》2009年6月12日第7版。

15．《完善公共服务体系建设服务型政府》，《人民日报》2008年5月7日第7版。

16．《评〈中国经济改革与发展的思考〉》，《人民日报》2008年9月21日第8版。

17．《把提高效率同促进社会公平结合起来》，《人民日报》2008年10月6日第7版。

18．《社保＋救助，解决困难群体保障问题》，《人民日报》2007年2月12日第13版。

19．《完善和谐社会的体制基础》，《人民日报》2006年2月10日第9版。

20．《关注困难群众的社会保障》，《人民日报》2006

年9月25日第15版。

21．《关于建设公共服务型政府的思考》，《人民日报》2005年10月7日第2版。

22．《政府转型：事关改革发展全局的重点》，《人民日报》2005年6月8日第9版。

23．《如何认识和应对改革发展的关键时期考察与思考》，《人民日报》2004年5月10日第9版。

24．《保护私有财产与维护公共利益的一致性》，《人民日报》2004年11月7日第7版。

25．《完善市场经济体制须注重制度建设和创新》，《人民日报》2003年10月24日第9版。

26．《转变政府职能　加快机构改革》，《人民日报》1997年11月1日第6版。

27．《市场经济的基本问题有三方面》，《人民日报》1993年10月20日第5版。

28．《要善于运用计划和市场两种经济手段》，《人民日报》1992年5月11日第5版。

29．《评初战第一年》，《人民日报》1986年1月26日第2版。

30．《坚持把改革放在首位》，《人民日报》1985年9月30日第5版。

31．《正确对待西方国家的经营管理经验》，《人民日报》1984年11月23日第5版。

32．《不寻常的变化》，《人民日报》1980年1月10日第2版。

33.《按照客观规律发展农业　谈谈农业生产中“因地制宜、适当集中”的问题》，《人民日报》1978年11月16日第2版。

34.《企业要有一定的自治权》，《人民日报》1956年12月6日第2版。

三、被《新华文摘》转发的文章（26篇）

1.《中国改革开放40年的回顾与思考》，《新华文摘》2018年第9期，摘自《同舟共进》2018年第1期。

2.《去产能的核心在处置僵尸企业》，《新华文摘》2016年第15期，摘自《经济参考报》2016年6月6日。

3.《市场经济条件下政府与市场的关系》，《新华文摘》2011年第22期，摘自《中国经贸导刊》2011年第16期。

4.《通过深化改革推动经济发展方式转变》，《新华文摘》2011年第5期，摘自《第一财经日报》2010年12月24日。

5.《继续深化改革应坚持的几个原则》，《新华文摘》2009年第9期，摘自《人民日报》2009年2月10日。

6.《下一步改革的主要任务》，《新华文摘》2009年第4期，摘自《学习时报》2008年12月22日。

7.《只有改革开放才能发展中国》，《新华文摘》2008年第9期，摘自《光明日报》2008年1月8日。

8.《深化分配制度改革需渐进而行》，《新华文摘》2007年第2期，摘自《21世纪经济报道》2006年11月13日。

9.《加快推进行政管理体制改革》，《新华文摘》

2006年第10期，摘自《学习时报》2006年3月20日。

10.《社会再分配是实现社会公平的重要环节》，《新华文摘》2006年第4期，摘自《经济参考报》2005年12月17日。

11.《改革还需要取得共识》，《新华文摘》2006年第2期，摘自《北京日报》2005年11月22日。

12.《如何建设公共服务型政府》，《新华文摘》2006年第1期，摘自《人民日报》2005年10月7日。

13.《用历史唯物主义评价中国改革》，《新华文摘》2005年第24期，摘自《经济观察报》2005年10月3日。

14.《政府转型是构建和谐社会的关键》，《新华文摘》2005年第18期，摘自《中国改革报》2005年7月25日。

15.《深化政府改革是贯彻科学发展观的关键》，《新华文摘》2005年第5期，摘自《中国经济时报》2004年12月23、24日。

16.《企业社会责任和法人治理结构》，《新华文摘》2004年第24期，摘自《学习时报》2004年10月25日。

17.《如何认识和应对改革发展的关键时期》，《新华文摘》2004年第14期，摘自《人民日报》2004年5月10日。

18.《“经济改革已经基本结束”的观点有害》，《新华文摘》2003年第7期，摘自《北京日报》2003年4月28日。

19.《加快改革步伐尽快建立社会主义市场经济新体制》，《新华文摘》1993年第1期，摘自《光明日报》1992年10月31日。

20.《我国企业跨国经营的必要性》，《新华文摘》

1992年第4期，摘自《经济日报》1992年1月25日。

21．《改革使原有体制发生的明显变化》，《新华文摘》1992年第1期，摘自《瞭望周刊》1991年第43期。

22．《把发展与改革更紧密地结合起来》，《新华文摘》1987年第9期，摘自《人民日报》1987年6月22日。

23．《以搞活企业为中心推动城市经济体制改革》，《新华文摘》1987年第4期，摘自《中国经济体制改革》1987年第1期。

24．《关于一九八六年经济体制改革的思考》，《新华文摘》1986年第3期，摘自《瞭望》1986年第1期。

25．《原有经济体制模式形成原因和改革的必要性》，《新华文摘》1984年第12期，摘自《光明日报》1984年10月26日。

26．《回首改革开放历程　探求完善体制课题》，高尚全、吴敬琏、郭树清、鲍泰利、王佳航、杨晓平，《新华文摘》2004年第1期，摘自《中华工商时报》2003年11月4日。